役割を全うする生き方があなたを成功に導く

やり遂げる力・関わる力

小寺正典
Masafumi Kotera

やり遂げる力・関わる力

役割を全うする生き方が
あなたを成功に導く

まえがき

役割のある人、役割を全うできる人は幸福です。誰かに認められ、ちゃんと自分の居場所があるからです。

自分の役割を通じて、周囲の人々と豊かな関係を築いている人は、毎日を生きることが、とても幸せに感じることでしょう。役割を全うしようと、目標を掲げ、目標の達成に心を合わせて生きている人は、充実した人生を送っていることでしょう。自分の身に起こることのすべては、自分の心が呼び寄せているのだということを受け入れている人は、穏やかで、何事からも逃げない、力強い生き方をしていることでしょう。

役割に生きる人、目標に思いを合わせて生きている人、周囲との豊かな関わりを育んでいる人は、きっと人生に成功することでしょう。

人生の成功に定義なんてないかもしれません。人それぞれに違った定義があって構わないと思います。それでも、私は、一九世紀を生きた米国の著名な思想家ラルフ・ウォルド・エマソンの『成功の定義』に心が惹かれるのです。

　エマソンの『成功の定義』には、「よく笑い、知的な人々に尊敬され、子どもたちに愛され、誠実な批評家の評価を得て、不実な友人の裏切りに耐え、美を鑑賞することができ、他人の最良の点を見出し、健康な子どもたちを育むことや庭の手入れ、社会条件の改善といったかたちで、ほんの少しでも世の中の役に立ち、あなたが生きていたおかげで、たとえ一人でも、息をするのが楽になったと知ること。それが成功ということだ」と記されています。

　家族の中に、地域社会の中に、そして職業人として、役割を得て、少しでも役に立つことができれば、それは人生の成功なのです。子どもと家族の愛情に包まれ、友人、知人と様々な人々と関わり、いろいろなことがあっても、他人を受け容れ、そして自分が受け容れられる豊かな関係を築くことができれば、成功なのです。この世に生まれて、この世に存在する美しいと感じることを記憶に刻むことができれば、成功なのです。たとえ、一人でもいいから、「あなたがいてくれてよかった」と言ってくれる人がいれば、人生は成功なのです。

　私たちの仕事を、家庭を、そして人生を成功に導くためには、やり遂げる力を必要とします。目標に心を合わせて生きていくことが、やり遂げる力を強固にするのです。しかし、目標の達成に心を重ね合わせることは容易ではありません。誰かの、何かの役に立てる深い喜びや感謝に裏打ちされた目標が必要なのです。誰かと、何かと、しっかりと関わり、自らの役割を全うしようとする生き方が、目標に心を通わせるのです。役割を全うする生き方が、誰かと、そして何かと関わる力を強くし、心の合わさった目標を生み出し、やり遂げる力を発揮せしめるのです。役割を全うする生き方があなたを成功に導くのです。

目次 ◎ 役割を全うする生き方があなたを成功に導く

やり遂げる力・関わる力

役割を全うする生き方があなたを成功に導く

人生を成功に導くために

人生を成功に導くためには目標が必要です。何があっても達成したいと強く思う目標が必要なのです。強い思いというのは、誰かと、何かと、しっかりと関わるところからやって来ます。関わる力が土台となるのです。誰かの、何かの、役に立てることの喜びや感謝の気持ちが、思いを強くするのです。目標が役割を全うする心と重なり合った時、そこに、やり遂げる力が生まれるのです。

I　やり遂げる力

私たちは、私たちの職業人生において、そして全人格的な人生において、目標や計画が大切なことを知っています。そして同時に、私たちは、いかに論理的・戦略的に目標や計画を組み立てても、それだけでは、決して満足のいく結果が得られないことをも知っています。恐らく私たちの多くが経験し、実感していることと思います。

それが個人の目標であろうと、組織の目標であろうと、目標の設定と達成に関わる人々の「やり遂げる意志」がないところに、何らの有益な行動が起きることはありません。目標は現状と同じではないのです。目標と現状の間に距離があるからこそ、目標の達成には、必然的に大きな努力が必要になるのです。

目標を達成するためには、自らの変革を伴います。過去と同じことを、同じだけやっていたのでは、目標の達成などあり得ないのです。自らを変えることは、何かを犠牲にすることであり、相当の覚悟が必要な行為なのです。それには、試練を乗り越え、目標に到達する強い決意が必要です。

目標は、口先だけの願望や単なるお題目であってはなりません。それでは、到底実現するはずがないのです。心が動かないと、強い思いが発動することはありません。強い思いが発動しないところに、幾多の障害を乗り越え、前に進む力強い気力や行動力が生まれることはないのです。

また、目標は、原理原則に沿ったものでなければなりません。原理原則に沿うことのない目標は、その達成をことごとく阻まれることとなります。少なくとも、身勝手な目標が達成されることはありません。たとえ達成されることがあったとしても、決して長続きすることはないでしょう。

私たちは、経営者や管理職として、何らかの分野のプロフェッショナルや専門家として、また第一線の実務を担当する人間として、そして母親や父親として、私たちの事業を、私たちが所属する企業や組織を、様々な人間集団を、家族を成功に導くために、そして、私たち自身の人生を成功に導くために「やり遂げる力」を必要とします。

折れそうな心、音を立てて崩れ落ちそうなやる気を支え、自らを鼓舞し、お役立ちの気持ち、目標達成に邁進《まいしん》する前向きな気持ちをもち続ける心のエネルギーを生み出し、自らをコントロールする力を身につけることが大切なのです。

Ⅱ　役割があるということ

一人の人間の人生は勿論のこと、人間の集団さえも、すべては関係性の中に存在しているのです。一人の人間にとっても、また、一つの人間集団にとっても、その存在性は、彼らと関わる人々との関係性における役割の有無にかかっているのです。ですから、役割のない人、役割のない組織があるとすれば、彼らは関係する人々や集団から、その存在を許されていないということになります。成功どころか存在を否定されているのです。役割がないということは、死を宣告されたに等しい状況なのです。

その大きさに関係なく、役割のある人、役割のある組織、役割のある集団は幸福です。役割があるということは、何らかの分野で、何かをして、誰かの、何かの、お役に立つことができるということです。そして、誰かに、自分の存在を受け入れられていると実感できることなのです。しかし、役割は、簡単に、当然の如く与えられるものではありません。何も行動を起こさずに、待っているだけで、やってくる性質のものではないのです。役割とは、自ら懸命に努力して獲得するものなのです。

一度、つかんだ役割も、努力を続けなければ、自らの手の中に、いつまでも存在するとは限らないのです。あなたが変化を拒み、自己変革を怠り、受身の生き方をしていると、あなたは、その役割を剥奪されることでしょう。あなたが変化に対応し、自己変革に挑戦し、主体的で、能動的な生き方をしていると、あなた自身の変化が、周囲との関係を変化させ、その役割が進化や改善といった良い方向に変化していくのです。

役割の大きな人、役割の大きな組織は、彼らと関わる人々から大きな期待を受けていることになります。期待に応えられるように、大きな権限と責任をもって、役割を遂行しようと行動します。役割の大きな人、役割の大きな組織は、しっかりとその役割を果たすことができた時、結果として、大きな果実を手にすることができます。しかし、そういった期待に沿うことができない時、支払う代償もまた大きなものになるのです。

Ⅲ　関わる力

関わることは生きること

私たちは「関係性」の中で生きています。「関わること」が生きることであり、存在することなのです。「関わる力」を強くすることが、人生を、また人間集団である企業や組織を幸福にする土台なのです。ところが、昨今、この「関わる力」が弱くなっているように感じます。

分業化や機械化は、生産性の向上に大きく貢献し、私たちに豊かさをもたらしました。様々な法律・条例・規則・ルール・制度といったものは、社会に秩序をもたらしました。スーパーマーケット、自動販売機、ネットショッピングは、効率的なショッピングを実現しました。とても物質的・経済的に豊かで、効率的な社会が生まれました。誤解のないように申し上げておきますが、私は、それ自体を否定する立場にありません。むしろ、効率的な社会を肯定し、その上に、より幸福な社会を追及するという考え方です。

ところが困ったことに、今では、文句も言わずにおかしなルールに従い、自分の担当する目の前の作業を黙々とこなし、非対面式のセルフサービスのお店で買い物をすませ、隣近所とのつき合いを拒絶するかのようなアパートメントハウスに一人で暮らし、ネットで友人らしき人々と関わっていれば、何とか生きていられるのです。挨拶、フェイス・トゥ・フェイスの会話、議論、対話、反論、説得、おせっかい、思いやりといったこと、人と人とが、本音で関わり合う瞬間が、どんどん減少しているように感じるのです。他人との希薄な関わりの中で、生きて行けてしまうという現実があるのです。彼らが、そう望んでいるか否かに関係なく、そういう現実があるのです。

母親・父親と子どもの関係、大人と子どもの関係、目上と目下の関係、先輩と後輩の関係、教師と生徒の関係、上司と部下の関係、友人同士の関係、男と女の関係、いろいろな関係が希薄化している現状があるのです。顧客と企業の関係、消費者（生活者）と生産者の関係、社内の様々な職種・部署間の関係も例外ではありません。

「関わる」ということは、ものすごくエネルギーが必要なことです。関わりをもつと、お互いの間で何らかの影響を与え合います。良い影響を与え合うこともあれば、衝突したり、喧嘩したり、いろいろなことがあります。良い影響を与え合う時には、素晴らしいプラスのエネルギー、元気なエネルギーが生まれますが、反対の時には、マイナスのエネルギー、憂鬱《ゆううつ》なエネルギーを生み出してしまいます。

関わることは、考え方によっては、やっかいで、労力が必要なくたびれることなのです。ですから、何でもかでも関わっていたら、身がもたないのも事実です。自らが、愛情と責任をもって、何らかの良い影響を与えることができる分野で、良い影響を与えて差し上げたい相手に、しっかりと焦点を絞って、関わることが大切なのです。

お母さん、お父さんは子どもとしっかり関わらなければなりません。教師も子どもたちから逃げていては、その役割を果たすことができません。上司は部下の成長を支援し、良き方向へと導かなければなりません。お母さん、お父さんは子どもたちのリーダーです。経営者や管理職は会社のリーダーです。政治家は国民のリーダーです。マスコミや発言力のある著名人もまた国民のリーダーです。様々な分野で、リーダーたちの関わる力が衰退すると、子どもの成長、健全な地域社会の発展、企業や様々な組織の活力に重大な悪影響を及ぼすのです。子どものリーダーである大人、様々な分野の社会のリーダーが、もっともっと関わる力を発揮することが大切なのです。

関わる力はやり遂げる力の土台

「やり遂げる力」は、それ単独では機能しません。「やり遂げる力」は、「関わる力」を土台にして、はじめて機能するのです。「やり遂げる力」は、誰かと、少なくとも何かと関わることなく、発揮されるものではないのです。

自らが関わる「誰か」がはっきりと見えてくることが、「やり遂げる力」の土台づくりに必要なのです。「誰か」が自分であっても構いません。でも、自分だけのためでは、絶対にだめなのです。「自分のため」が、「誰かのため」に繋がることを見出さないと成功には結びつかないのです。

人は、誰しも、「誰かの役に立ちたい」と願っています。理屈ではありません。そういう生き物なのです。小さな子どもが、お手伝いをしたいと思う心が本能なのです。大好きなお母さんのお手伝いをして、頭を撫でて誉めてもらって、今度は、どんなお手伝いをしようかとワクワクするのです。ですから、役立つ相手である「誰か」を、心の目を通して、見つけることがとても大切なことなのです。

自らが役に立ちたい「誰か」が決まれば、一生懸命になって、「何を」やり遂げるために生きるのかを探し始めます。何としても、見つけ出そうと努力します。空想の世界をさまようのではなく、具体的に、何ができるのかを考え抜くのです。その順番は反対でも構いません。何をやり遂げるのかを先に見つけて、そのことが誰の役に立つのかを、しっかり見定める方法でもよいのです。重要なことは、自分がやり遂げようとする何かが、誰かの役に立つということなのです。

問題は、周囲と関係を上手く構築できなかったり、心の底から役に立ちたいと思う相手が見つからなかったり、本当にやりたいことが見つからなかったり、見つかったけれども挫折を繰り返したりしていることなのです。何となく入った会社で、言われた作業をしているだけだからと、自分を納得させてしまっていることなのです。理屈で自分を納得させようとしても、心のスイッチが入らないと、何をも為し遂げることができないのです。

役割を全うする生き方があなたを成功に導く

私たちの人生においては、役割をハラの底に叩き込み、役割を全うするための目標を掲げ、その目標達成に向けて、心を合わせて生きていくことが大切なのです。ここで言う「成功」とは、決して、大金持ちになることではありません。企業においても、収益や時価総額の大きさだけではないということです。結果として、大きな経済的成功を収めることも大切です。企業にとっては、その性質上、極めて重要なことであるに違いありません。また、多くの人々にとって大きな関心事であることに間違いないと思います。

成功とは、誰かに、何かの分野で、役に立っている自分を実現し、実感し、そのことに深い喜びをもって感謝できることなのです。少なくとも、先進諸国に生活する人々にとっては、役割を全うする生き方ができれば、大なり、小なり、経済的な成果はついてきます。結果としての、金銭的報酬や地位や名誉は、実践した役割の大きさに比例してついてくるものなのです。

私たちは、自らの心に、やる気を起こすスイッチを入れる必要があります。知らず知らずのうちにスイッチがオフになることがあります。時には突然ブレーカーが落ちることもあります。それでも、またスイッチを入れる心が大切です。何度ブレーカーが落ちようとも、繰り返し、繰り返し、スイッチを入れ直すのです。諦《あきら》めないこと。諦めないで、やり遂げること。これが成功の秘訣なのです。

人間力——考えて動く、感じて動く

役割を全うする生き方を通じて、やり遂げる力・関わる力を発揮し、私たちの人生を成功に導くためには、私たち人間を理解する必要があります。人間の力は「知力」「感力」「行力《こうりょく》」の三つで構成されています。これら三つの力が重なり合って、総合力としての「人間力」が発揮されるのです。気の力を整え、主体性をもって、役割の達成に集中し、考え、そして感じて行動する生き方が、私たちのもてる人間力を発揮せしめるのです。

Ⅰ　人間力を発動する

「人間力」を構成する三つの力

役割を全うする生き方を通じて、やり遂げる力・関わる力を発揮し、私たちの人生を成功に導くためには、まず私たち人間を理解する必要があります。私たちにとって、人間力とは何か、自らの人間力を発動するメカニズムとはどのようなものかを知り、自分の特性を把握し、意識して、日々の行動に活かすことが大切なのです。

「人間力」は、「知力」「感力」「行力《こうりょく》」の三つの力で構成されています。そして、これら三つの力が重なり合って、総合力としての「人間力」が発揮され

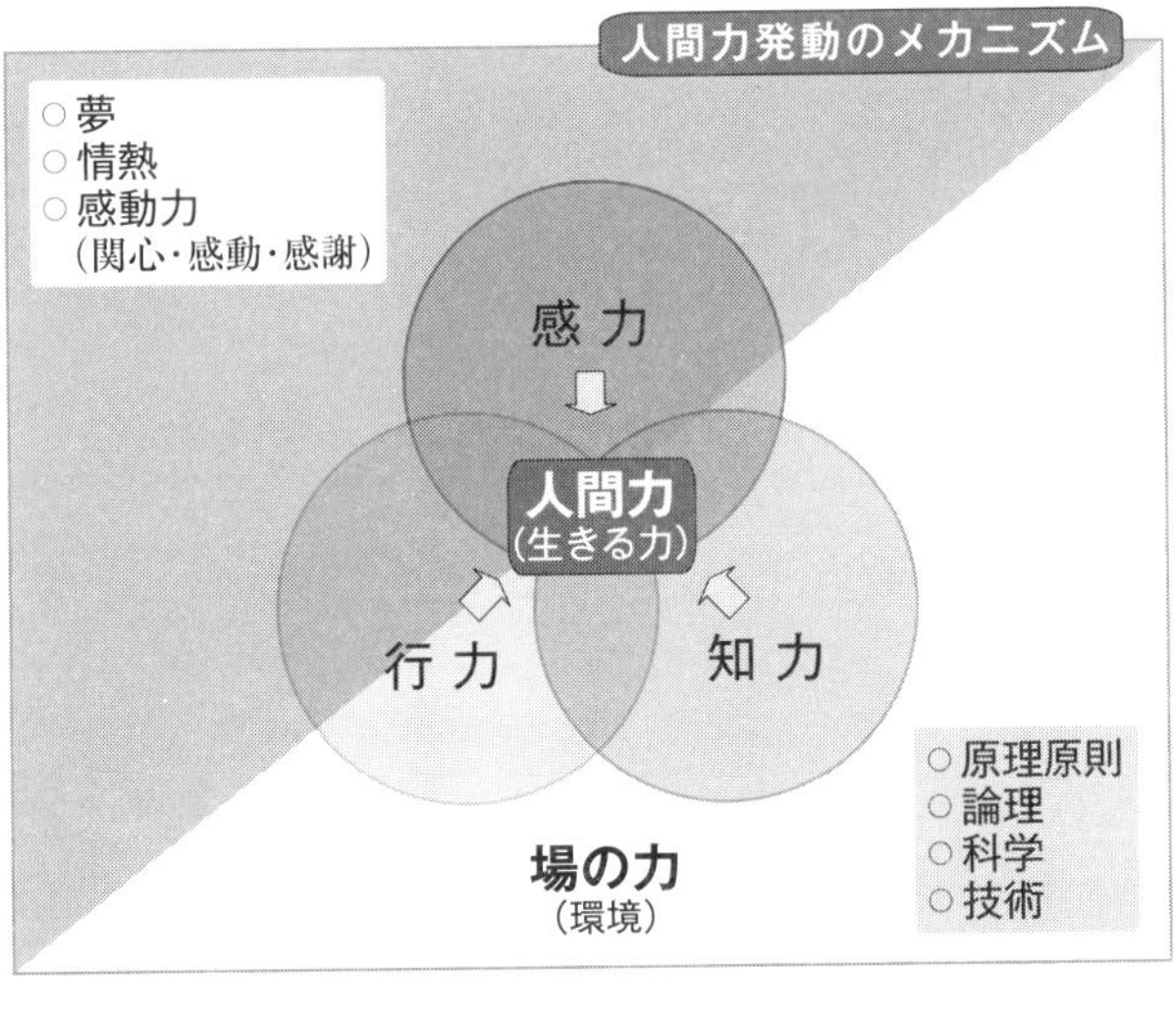

るのです。また人間力は、その人が存在する「場の力」と影響し合うのです。

「知力（ＩＱ：Intelligence Quotient）」は、いわゆる知能指数ですが、ここで言う「知力」は知能指数の良し悪しではありません。もっと広い意味での頭脳の力を意味します。そこには、経験に裏づけられた知恵という概念も入っています。知力とは、有益な知識や知恵の質・量であり、原理原則に沿って論理的・科学的に思考する力の総合力なのです。

「知力」は、それ自体では、他の誰かに、また何かに影響を及ぼすことができません。「知力」は「行力」を突き動かして、活用されることによってのみ、影響を及ぼすことができるのです。ひらたく言うと、「知らなかったことを、知ることによって、行動が生まれる」「知識や知恵を得ることによって、行動に駆り立てられる」「論理的・科学的に思考して、行動に移す」ということです。ここでは「知力」が発動の起点となっているのです。

「感力（ＥＱ：Emotional Quotient）」は、知能指数を測るＩＱに対して、心の知能指数とも言われ、自分自身の、そして他人の感情に働きかけて、情熱に火をつけ、モチベーションを高め、持続させ、心を動かす力なのです。この感じる力もまた、行力を突き動かし、「感動力（感じて動く力）」として機能するのです。

「行力」は、まさに行動力、実行力を意味します。健康であることや経営資源の裏づけも行力を支える要素となります。やみくもに動いているだけの場合もあれば、行動することが「知力」や「感力」の発動の起点となることもあります。「知力」「感力」「行力」の三つの力が合わさり、行力に軸足を置いて発揮された時、総合力としての高い人間力が発動されるのです。

人間力発動のパターン

人間力を発動するきっかけやパターンは、人それぞれに異なります。あなたの友人・知人をイメージしてみて下さい。じっくり知識を習得してからでないと動けないタイプ。また、ひとたび心が動くと、とてつもない能力を発揮するのに、心が動かないと、人並み以下の能力しか発揮しないタイプ。とにかく行動が先で、知力や感力は後からついてくるタイプ。様々なタイプがあることに気づくことでしょう。

知力が発動の起点になりやすい人は、意識して新しい知識や事実に触れる機会をもつことが大切です。感力が発動の起点になりやすい人は、日常の生活の中で、プラスのエネルギーを発生させる小さな感動の瞬間を感じることができるように、自分自身の心と行動をコントロールすることに集中することが大切です。行力が発動の起点になりやすい人は、動き続けることを止めてはいけません。どんなタイプであれ、人間力を発動する起点を枯渇させてしまってはいけないのです。

また、知力や感力が発動の起点になりやすい人は、行力に結びつける強い意志が必要です。知識を吸収し、心が揺さぶられるだけでは、その力が、誰かに、何かに作用することがないからです。

行力を発動させるレベルの知識と感動が得られるように、日々の生活を創意工夫することです。

せっかく良い本を読んでも、自分の仕事や生活の改善に活かさない人がたくさんいます。一冊の本を読んで、一つでもいいから、自分の行動に活かそうとする習慣を意識することで、知力が行力に結びつくのです。とても感動的なサービスを体験して、よかったと誰かに話すだけではなく、自分の仕事に応用する行動力が必要なのです。

同様に、行力が発動の起点になりやすい人は、知力や感力のセンサーをもって行動することが大切です。動きまわっているだけでは徒労に終わることが多いのです。忙しく動きまわり、たくさんの得意先を訪問し、たくさんの人と会話をしているにも関わらず、肝心な情報の収集や提供ができない営業マンが大勢います。彼らは、知力や感力のセンサーを磨かなければなりません。

誰かに、何かに、強い関心を寄せ、接し、心が強く揺すぶられて、行動を起こす。そこに、やり遂げるための強いエネルギーが生まれるのです。勿論、やり遂げるためには、心やエネルギーをコントロールすることが必要です。心が動き、心を決めて行動に着手すれば、知力の不足というものは、何とかしようと決意できるものです。心が決まれば、躊躇《ちゅうちょ》することなく、力強く、他人に協力を依頼することだってできるのです。

「働く」という文字は、「人のために動く」と書きます。人間力とは、誰かのために、何かのために、発動されることによって、その力を十分に発揮することができるのです。

環境は心の鏡

総合力としての人間力は「場の力」と影響し合います。場の力というのは、人、集団、組織、国家、風土、文化……といった自分自身の外にあるすべての環境を指します。人は場の影響を受け、また場に影響を及ぼすのです。

とても情熱的な人が、情熱のかけらもないような組織の一員になったとしましょう。彼は、その組織を情熱的な組織に変革するのか、自らも情熱を失い、組織に同化してしまうのか、即座にその組織を去るのか、その選択を迫られます。やる気のかけらもないように見える人が、縁あって、燃える集団の一員となったとしましょう。眠っていた情熱に火がつくこともあります。場の力は、人間力を発動させることもあれば、消し去ってしまうこともあるのです。

どのような場に、自らを置くのかは重要な問題です。実は、この重要な問題を決めているのは、他人ではなく、自分自身なのです。自らの置かれた境遇を不満に思い、嘆き、誰かのせいだと文句を言う人がたくさんいますが、本当は、これは自分で決めたことなのです。自分で決めたという意識のない人が圧倒的に多いと思いますが、そうではないのです。自分の心が、自分の人間力が、無意識に、また意識して、自らの居場所を決めているのです。

どのような場に自分を置くかは、自分自身の心が、人間力が、それを決定づけているのです。自らの心が、そして行動が、周囲の環境を呼び込んでいるのです。強いお役立ちの気持ちをもって行動していると、あなたの周囲に、そういう人々が現れます。金銭欲にとらわれて行動していると、それと同じように、欲の皮の突っ張った人々が、あなたを取り巻くことになります。あなたが高い志をもち、誠実で、勤勉な自分づくりに日夜努力していると、あなたの周りに、そういった素晴らしい友人・知人が現れるのです。

企業にとっての利害関係者も同様です。その企業のリーダーたちの心に共鳴する人々を引き寄せるのです。お客様も、社員も、取引先も、資本家も、その他様々な関係先も、すべて、その企業の心と同質のものを引き寄せるのです。

場（環境）というのは、自分の心を映し出す鏡として、自分の心と類似のかたちとなって、現れるのです。本当に類は友を呼ぶのです。いくら、綺麗ごとを言っても、素晴らしいビジョンや目標を掲げても、心にないことは実現しないのです。

環境を改善しようと思ったら、まず自分を改善することです。自分の心のあり方を変え、行動を変えることです。環境を変えようと頑張っても無駄な抵抗です。何しろ、あなたの周りに出現する環境は、あなたの心を投影したものだからです。

自分自身の心を変え、自分自身の人間力を高めることが、環境をも改善するのです。高まった人間力にふさわしい環境が出現するのです。但し、大きな、また少々の、タイムラグがありますから、辛抱強く待てる心が必要です。

より良い環境は、また、あなたの人間力を高めることに力を貸してくれます。そうして、善循環が起こり、周りの環境に支えられて、あなたは成長していくのです。もし、あなたが、自分自身を変えることを拒絶し、起こり来ることを環境のせいにする生き方をしていると、環境は決して改善されることはなく、あなた自身の人間力を高める機会も訪れることはないでしょう。

自らの心を発動し、行動を起こし、知識を動員し、総合力としての人間力を発揮し、環境に働きかけ、あなたを取り巻く環境と共に成長すること。これが人間力を発動するということなのです。

Ⅱ　考えて動く

知識を活かす

知識を得ることは、とても大切です。若い時には、知らぬ強さということもありますが、やはり知った上での強さが本物なのです。知識とは、先人や今を生きる様々な分野のエキスパートたちの経験や知恵の集大成なのです。

知識の修得にあたっては、単なる情報（インフォメーション）の詰め込みや他人の知識の請売りで終わらせてはなりません。自分の頭と感覚の両方で理解し、自分の言葉で表現できる知識、そして何かを為すために活かすことができる知識を修得することが大切なのです。知識は、ただ頭に詰め込むだけでは、役に立たないのです。知識は、誰かのために、何かのために、活用することで、はじめて役に立つのです。

知識を軽視し、当たるも八卦的な行動を繰り返すことは愚かなことです。しかし、過去の知識にとらわれ過ぎてもいけません。知識が邪魔をして、ダメだとか、できないといった結論が先に出ることがないように、新しい知識の吸収や創造に、「当たって砕けろ」の精神で臨むことも大切なのです。また、知識に重心を置き過ぎ、情熱的な行動を抑制することも同じく愚かなことです。情熱的な行動を知識が支えるといった感覚がちょうど良い具合なのです。心が合わさった「知」でなければ、知ったかぶりでは、本当に知ることにはならないのです。

ひとくちに知識といっても、いろいろな種類があります。人間力を発動するといった視点から分類すると、原理原則、論理、技術といった体系で、知識を理解することが大切です。

原理原則に沿って

月の引力によって、潮の満ち引きが生まれるように、物事には必然というものがあります。私たちが「生きている」ということは、同時に「生かされている」のだという本質に気づいた時、私たちが原理原則に沿って行動することの大切さがよく理解できると思うのです。

広辞苑によると、原理とは「ものの拠って立つ根本法則」と書かれています。私は、この根本法則を自然界に存在する法則であると考えます。リンゴが落ちる。水が高きから低きに流れる。男と女が互いに惹かれ合うといった自然界の法則を人間が変えることはできないのです。たとえ変えることができたとしても、慎重に対処しなければなりません。これらは人間が、そして人間社会が拠って立つところだからです。だからこそ、自然界に存在する法則を発見し、それに逆らうのではなく、敬い、活かし、適応することが大切なのです。

一方、原則とは「人間活動の根本的な規則」という意味であり、これは私たち人間がつくりだしたもので、人間社会発展の歴史の中で、発見したり、つくりだしたり、ルール化してきたものです。例えば、あのジェームズ・アレンの「成功の原則」、デール・カーネギーの「人を動かす原則」、ピーター・ドラッカーの「事業経営の原則」など、私たちが現在学ぶことのできる「原則」は、偉大なる彼らを含めて、人類が過去に発見し、発明し、実証し、修正してきた知恵の集大成なのです。

芸事の世界に「守破離」という言葉があります。「守破離」とは、まず基本をしっかり身につけ（守）、その基本の上に自分なりの個性ややり方を磨き（破）、それから一人前の芸人として独り立ち（離）できるという意味を表す言葉です。

私たちも、原理原則をベースに、私たちの歩みの中で、更なる発見、発明を通じて、より良き原理原則をつくり上げ、後世に継承していくという考えをもって、人生を歩み、また事業活動に取り組むことが大切なのです。

論理的に考え、論理的に行動する

次に、論理についてお話ししたいと思います。論理的に考え、論理的に行動するということです。戦略的に行動するといった考え方も論理に含まれます。論理的に考え、行動するということは、こうすれば、こうなるといった考えを組み立て、その筋道に沿って行動することを言います。

論理的に物事を組み立て、行動し、その因果関係を検証することで、私たちの思考と行動を、より高い次元へと導くことができるのです。それは、こうすれば、こうなるという因果の関係を、自らがコントロールできるようにするための行為なのです。

こうすれば、こうなるという因果関係については、信頼すべく論理として確立していることもあれば、論理的には十分に解明できないこともたくさん存在しています。純粋な科学の世界や公理が存在する数学の世界では論理的に解明できることが少なくありません。しかし、人間社会の営みを対象にした場合、論理には大きな限界が存在することも事実です。

「大風が吹けば桶屋が儲かる」という諺《ことわざ》があります。物事が巡り巡って意外なところに影響を及ぼし、思いがけない結果を招く喩《たと》えだそうです。また、あてにならないことを期待する喩えでもあります。

論理的に解釈すると、大風が吹くと砂ぼこりが舞い上がって、目に入り、目を病んで、目の不自由な人が増える。目の不自由な人が増えると、三味線で生活をする人が増えるので、三味線に使う猫の皮がたくさん必要になる。そのため、多くの猫が捕えられると、鼠が増える。鼠は桶をかじるので、桶がよく売れて、桶屋が儲かるという論理展開になっています。確率論でいうと、大風が吹いて、桶屋が儲かる確率は、ほとんどゼロに近いお話なのです。

論理はくせ者でもあります。長い論理はその実現性を、短く、心地よく響く論理はその妥当性を、しっかり見極める必要があります。論理ですべてを解決できるわけではありませんが、原理原則の視点からすると、原因と結果の関係は、不変の原理として、明らかに存在しています。人間が、その因果の関係のすべてをコントロールできないだけなのです。すべてをコントロールするという傲慢ですが、少なくとも、何をすれば、どうなるかといった因果の関係を究明する姿勢、生き方は、人を進歩させ、成功へと導く重要な手がかりになるのです。

「大風が吹けば桶屋が儲かる」

論理の大切さと、その難しさの両面を、ユニークに言い当てた日本人の知恵を感じる諺です。

技術を身につける

次に、技術についてお話ししたいと思います。技術というのは、様々な現象を科学して得られた知識を体系化し、多くの人が学び、実際に活用できる状態にした知識のことを言います。英語で技術は、technology と言いますが、techno は、（科学）技術、工芸、工業を指し、-logy は学、論、言葉を意味します。技術とは、様々な現象の研究成果を、言葉やイメージに表して、蓄積、伝達、活用、レベルアップ、新たな技術の創造を可能にする人類の知恵なのです。

技術というと、私は文系で、営業を担当していますから、関係ありませんという人もいますが、とんでもありません。技術は、何も理系や開発の仕事に携わる人だけのものではないのです。営業の仕事にも、人間関係を構築する技術や提案営業を展開する技術など、必要な技術がたくさんあります。事業経営の世界では、ある特定の商品やサービスをつくるために必要な技術、開発、製造、販売といった仕事に必要な技術を総称して固有技術と言います。それに対して、仕事をもっと上手くやるための技術のことを管理技術とかマネジメント技術と言います。実務の世界では、この固有技術とマネジメント技術の両方が合わさって、いい仕事ができるのです。

技術という知識を使いこなすためには、やっぱり腕立て伏せ、つまりトレーニングが必要なのです。技術を手っ取り早く身につけたい人が多いからか、世の中ノウハウ本だらけです。ノウハウ本を読んだら、次の瞬間、手軽に技術が身につくとでも思っている人も多いようです。とんでもない勘違いです。

技術というものは、実際に使ってみて、何度も、何度も、繰り返し使ってみて、その使い方が分かるものです。そして、そうしているうちに、自分にあったかたち、自社にあったかたちに少しずつ変化して身についていくのです。そうして、自分独自の、自社の独自の技術が、実践と共にかたちづくられていくのです。

科学する心をもち、新しい技術を取り入れ、使いこなし、自分のものにし、さらに磨きをかけて、個性的なものに仕上げていくという生き方を習慣化することが大切なのです。

考えて動く

原理原則、論理、技術といった知識を発動の起点として動くということの大切さについてお話をしてきました。いずれも科学的なアプローチがベースになっています。科学というのは、現象を要素に分解して、全体を再構築するアプローチをとります。部分の集合が全体を構成するという考え方です。しかし、人間の組織がそうであるように、部分の集合は、必ずしも全体にならないといった分野が、この世の中には多く存在します。とくに、人間社会の営みを対象とした場合、全体感で見た場合と、部分の集合は、大きく異なったり、微妙に異なったりするのです。ですから、要素に分けて見るやり方と全体を見る眼の両方を養わなければなりません。

また、考えるというと、どうしても左脳の働き、論理、言語、部分系の働きを強くイメージしてしまいます。しかし、左脳だけではだめなのです。直感、創造、全体、イメージをつかさどる右脳の力が必要です。脳全体を活用することが大切なのです。

人間は、二度創造すると言います。一度目の創造は頭の中で行われます。二度目の創造が現実の世界での創造です。脳全体を活用して、頭の中で、強くイメージすることができれば、そのことは現実の世界で実行されると言います。思考は現実化するのです。

「感動」という言葉はあっても、「理動」という言葉は存在しません。理屈で動くのは機械であって、人間ではないからです。「理」には、人の心を動かし、導く力はありません。しかし、「理」には人の思いや行動を支える力があります。「理」には、人の行為に「できる」という自信をもたせ、一歩前に踏み出させる力があるのです。この「理」の力に、右脳のイメージする力を合わせて、脳全体を活用して考えるということができるならば、それは人の思いを強力に牽引し、支える力となるのです。

Ⅲ　感じて動く

関心・感動

「関心・感動」　人間が人間として生きている証

「無関心・無感動」　無味乾燥な人生の証

自分の役割をしっかり自覚して、役割の達成に向かって生きている人は、嬉しいことも、悲しいことも、生きている実感を味わうことができるのです。私はこれを感動、感じて動く生き方・行き方と呼んでいます。反対に、役割のない人は、無味乾燥な、砂をかんでいるような無意味な人生を送ることになります。

日々の生活を単なる作業で終わらせていてはいけません。仕事も、家事も、育児も、家族との語らいも、それが単なる作業になってしまうと、大切なことが、無味乾燥なものになってしまうのです。そのような生き方では、心が躍動する目標をもつことも、胸がジーンとなるような感動を体験することもできないのです。本気になって関わる心が感じる心を生み、感じる心が力強い生命力に溢れた行動を生み出すのです。

関わる心

「感力」は人間の心にエネルギーを与え、大きな力を生み出します。「感じて動く」ためには、まず「関心をもつ」ということが大切になります。安全で豊かな社会になったからでしょうか。自分に対する強い関心に比べると、驚くほど他人と関わる心が鈍感になっているように感じます。

あなたは、会社が顧客を失う最大の原因が何かをご存じでしょうか。それは値段や品質の問題ではないのです。「無関心」なのです。顧客は常に自分に対して特別な関心を寄せてほしいと求めているのです。子どもが非行に走る原因も同じです。犯罪に走る人々の心境も同じです。関心をもってほしいのです。

ところが、多くの人々が、他人に関心を寄せることを大切にしていない、また、できない状況にあります。「関心」を寄せるということは、相手の存在を認めていることを伝え、気を配るという意味において、人が生きていくための基本的な条件なのにです。

会社に集う人々が、顧客に対する関心を高めることに配慮しなければ、どんなに素晴らしい顧客管理システムも、電子ネットワーク化された報連相システムも有効に機能することはありません。恐らく「問題ありません」という空っぽの状態になるか、ゴミのような情報のたまり場と化してしまうことでしょう。無関心なところには、決して有益な情報は集まってこないものなのです。

子どもの将来を気遣ったつもりで、進学塾に放り込んで、後は塾任せ。子どもの現状や気持ちの変化、将来への不安や期待について、子どもたちと向かい合って会話をすることがない親たちがいます。親の子に対する無関心は、心が安定した子どもを育む上で、決定的なマイナス要因として働きます。関わる心、関わる姿勢、関わる態度は、とても大切なのです。

関わる心を高めるコツ

では、どうすれば「関心」を抱くことができるのでしょうか。私たちは、すでに答をもっています。そうです。まるで恋人を想うように、相手を、また何らかのモノやコトを、「好き」になることができればいいのです。

会社に集うみんなが、顧客が好きになれるように、大切に思えるように、仲間が好きになれるように、仕事が楽しくなるように。クラスに集う仲間が、互いを好きになれるように。ちょっとした工夫、努力、仕掛けをすればいいのです。

そのためには、根本的なところで、考え方を変えなければなりません。一昔前は、好きな人や、好きなこと、好きなものを、追い求めている余裕なんてありませんでした。皆が目の前のことで精一杯でした。だから、今、関係のある人々、目の前にある仕事をしっかり愛することができるように努力しなさいと言われたものです。そこから逃げられないわけですから、一生懸命になって、関係する人々や仕事の良いところ、個性的なところ、面白いところを探す努力をしたものです。自分の心が前向きに関われるところを探す努力をするのです。そうすると、好きになれるとまでいかなくても、関わる気持ちが生まれてくるものです。

ところが、昨今では、好きな人を探しなさい、好きなことを探しなさいとなっています。見つけられれば幸運ですが、なかなか見つかるものではありません。そうやって、いつまでも、自分が関わっていく人々や仕事そのものを探し求めているから、いつまで経っても、腰が据わらないのです。

好きになれる人、好きになれること、やりたいことなんて、そうそう簡単には見つかりません。今、自分の身近なところで関わりのある「ひと」「もの」「こと」の中に、自分の心が関われるところを見出していくことが大切なのです。

私も、仕事で、苦手な人たちと関わらなければならないことがあります。私には、そうした時、決まってやる関心強化法があります。相手を、自分の中で、幼稚園児くらいの小さな子どもに変身させてしまうのです。この人、子どもの時、どんな顔だったのかなあと想像するだけです。怖そうな眼鏡をかけた初老の男性も、見る見る、愛らしく見えてくるから不思議です。ある大手企業では、お客さんがトイレで頑張っている風景を想像しろと、営業社員に檄を飛ばしているそうです。

商品だって同じです。この商品は、どんな人が、どんな想いでつくったのだろう、どんな苦労があったのだろう……と、そんな問いかけを発しながら見ていますと、人の温もりを感じます。そうすると、やっぱり愛おしくなります。

マイナスのイメージばかりに気を取られていると、誰も、何も、好きになれません。プラスの側面に注意を払うと、良さ、強さ、個性、愛らしさといった愛すべきものが見えてきます。多くの「ひと」「もの」「こと」は、心のありよう次第で、好きになれるものなのです。

もう一つ、パラダイム変換が必要なことがあります。愛されたい、好かれたいという気持ちが先に出てしまうことです。自分が関心を寄せているのに、相手が自分に関心を寄せてくれなかったらどうしようという気持ちが、関心をもつという行動を委縮させてしまっていることがあります。

人が、自分が愛した分だけ、愛されたいという感情をもつことは、ごく自然のことかもしれません。しかし、現実には、そうはならないのです。無償の愛という言葉があるように、見返りを期待しても、タイミングよく返ってくる性質のものではないのです。一〇の愛情を注いで、一つ、二つ、返ってきたと感じたら、有り難いと思う程度でちょうど良いのです。

多くの満足した顧客は、何も言わずに、商品を購入し続けるだけなのです。あなたの愛情に対して感謝の意を述べる顧客は、ほんの一握りなのです。あなたが子どもにたっぷりの愛情を注いでも、「お父さん、ありがとう」と言ってもらえるのは、ほんのわずかな機会だけなのです。それでも、わずかな見返りに期待することを、私は悪くないと思います。但し、くれぐれも、過剰な期待を抱かないことです。無償の愛が基本なのです。

感じて動く

関心を深めていくことで、「自分は相手にとってどのような存在であるべきか」「相手に何をして差し上げられるのか」また「何をすべきか」ということが見えてきます。意識し、観察し、対話し、考え、実感することによって、見えてくるのです。

関わる心が芽生え、深まってきたら、次に目指すのは、感じるということです。相手の抱えている問題や課題、願望や不安、ニーズやウォンツといったものを感じられるように工夫し、努力するのです。目で見て、耳で聴いて、空気を嗅いで、触れられるものには触れて、現場で、実感することが大切です。頭であれこれ考えるだけではいけません。現場で実感しなければ、感じるということはできません。相手の目指していることや求めていることが、自分の目指すものや価値観に重なり合った時に、心から意気に感じることができるのです。

理屈を越えたレベルで感じ、誠実に実行することで、ようやく相手の心を動かすことができるのです。見返りを要求する心には、同様の反応しか返ってきません。相手の目標達成に心から協力する私たちの姿勢に対して、相手は感謝の念を抱いてくれるのです。そして、相手にも、私たちに対して協力を惜しまない心が芽生えるのです。そのような心と心の交流が起こった時に、信頼と共感が生まれるのです。

感動というのは伝染します。一人ひとりが主役となって、自分のために、仲間のために、顧客のためにイキイキと、そしてはつらつと行動することが、自らを感動させ、仲間を感動させ、顧客を感動させることの原点なのです。

知力はとても大切です。しかし、知力は、人の行動を支えるのであって、心を動かしたりはできません。「分かる」ということも、知るという行為に、感じる心が合わさらないと、本当に分かったということにはならないものです。また、人々を心から突き動かすのは「信念」に支えられた「情熱」という感動力なのです。物事を諦めずに、成功するまでやり通すためには、幾多の苦難を乗り越えなければなりません。それには強力な心のエンジンが必要なのです。

いかなる人々も、いかなる組織も、この「情熱」が危険な暴走マシンに変身しないようにブレーキを取り付けることも必要です。しかし、ブレーキをかけっぱなしにして、「情熱」を抑圧してはなりません。強い役割意識、何としても達成したいという思いの合わさった明確な目標があるからこそ、感動力と一体になって、「やる気」という概念をも超越する情熱的な行動を起こすことができるのです。

やりたいという思い。自分がやらなければならない、何としても役に立ちたいという強い役割意識。やり通すのだという強い意志の力が物事を成就させ、事業を、そして人生を成功へと導いてくれるのです。

人は、何かに熱中している時、四六時中そのことばかりを考えるようになります。たとえ経験のないことでも、仮説を立てて行動する勇気がわき上がってきます。たとえ、分からないことがあっても、進んで勉強するようになります。この世は、勇者や勉強熱心な人間ばかりではありません。しかし、情熱の力が、普通の人を勇気ある行動に駆り立て、一生懸命に勉強させるのです。

どんなに優れた目標も、戦略や計画も、情熱的でなければ絵に描いた餅になってしまうのがおちです。例えば、成長分野だからとか、収益性のよい市場だからというだけの理由で新しい市場に参入を決めるのは、分析的・論理的には正しいかもしれません。しかし、その市場に参入して貢献したいという強い思いなくして成功するでしょうか。私には情熱こそが必要に思えてなりません。

今日、私たちの会社や組織があるのは、創業者を始め、新しい事業を立ち上げ、新しい土地で事業基盤をつくってきた先輩たちが、そして私たちが、錦の御旗を立て、情熱を武器に取り組んできたからではないかと思うのです。事業や組織の立ち上げに関わった経験のある人には、夢を追い、必死になって、もがき苦しんだ時期を思い起こしてほしいのです。ほとんどすべての人が、社会人一年生になった時、まともな仕事ができないで、悔しい思いをした経験があるのではないでしょうか。若かったあの頃を思い起こしてほしいのです。情熱以外に何があったでしょうか。恐らく何もなかったのだと思います。

あなたの心の中に、あなたの会社の中に、今も錦の御旗がしっかり立っているでしょうか。情熱の火が真っ赤に燃えているでしょうか。情熱の力、感動力が私たちを更なる高みへと誘ってくれるのです。

「関心」「感動」「感謝」のマネジメント・サイクル

感力を起点に行動力を発動せしめるためには、「関心」「感動」「感謝」のマネジメント・サイクルを廻すことが必要です。それは、自分自身の、そして組織の心のエネルギーをプラスの方向にコントロールするための行為なのです。

人生の、そして経営の一番重要なところに「関心」を寄せる。そこには、自分の人生、家族、仲間、顧客がいるはずです。自分の行動によって影響を受ける大切な人々や領域に強い関心をもって集中するのです。そして、そこから、物事をより良くしていくための何かを感じ取ることです。感じたら、俊敏に行動します。そして行動の結果を心の底から喜び、また嘆き悲しむことです。しっかりと振り返りを行い、関わって下さった方々に「感謝」して、成長の輪をスパイラルアップすることに取り組みます。これが、「関心」「感動」「感謝」のマネジメント・サイクルを廻すということです。

事業経営の世界において、感じて動く力をマネジメントすることは、時に、効率的に目標を達成するためのマネジメント以上の価値を生み出します。人々の心の変化が、態度や行動を変化させ、行動の変化がお客様の創造と満足を生み出し、収益の改善へと繋がります。マネジメントは、関心・感動・感謝の輪を廻し、人々の想像力と創造力を総動員して、顧客の創造と満足に貢献するために活かされるのです。

「関心」「感動」「感謝」のマネジメント・サイクルを廻すことは、人生においては、もっと重要です。関心・感動・感謝のスパイラルアップそのものが、生きることの喜び、幸福感、そして心の豊かさに繋がるからです。効率的な人生と感動に満ちた人生のいずれかを選択しなければならないとすれば、私は、何の躊躇もなく、感動に満ちた人生を選択することでしょう。

Ⅳ　主体的に生きる

人間力を発動する前提条件として、「主体的であること」が欠かせません。主体的であるとは、自分の身の回りに起こることのすべてを、他人のせいにせず、他人や環境に一方的に、また過度に依存することなく、自分の人生の責任は、すべて自分にあると心することなのです。

人は、互いに主体的であることで、建設的で、前向きな相互依存の関係を構築できるのです。少なくとも、自分の人生を他人に支配されたくなければ、主体的でなければなりません。それは、身勝手とは違うのです。自分の行為に、そして自分の人生に、自ら責任を負うことなのです。

私たちは、何か問題が起こった時、自分の外にその原因を求め、責任を転嫁する生き方を止めなければなりません。自分の周りに現れる環境は、自分の心と行動の鏡なのです。鏡に映った風景を変えることはできないのです。自ら進んで、自らを変え、自らの影響を及ぼせるところから、状況を改善する行動を起こすことが大切なのです。

主体的でない人、他人任せな生き方をしている人は「あなたのせいなのだから、あなたが何とかして下さい」「誰か何とかして下さい」と言います。主体的な生き方をする人は「私が影響を及ぼせる範囲はここだと思います。私はこうして、問題の解決に貢献します」と、まず自分の為すべきことを口にします。互いに主体的である生き方が、互いの人間力の発動を刺激し合い、プラスのエネルギーを生み出すのです。

また、主体的であるためには、自らの価値観に基づいて自らの行動をコントロールできる力を身につけることが求められます。人は、周囲の環境、他人の意見、自分の感情に左右されやすい生き物です。その時折で、自分の外に、また感情のままに、左右されていたのでは、主体的な生き方をすることができないのです。

Ｖ　集中する

主体的な生き方と、同じぐらい大切なのが、人間力の向かう方向です。いかに大きなエネルギーを発動したとしても、その力が四方八方に分散しては、効果が半減します。やはり人間力が、どこかに集中して発動されることが大切なのです。

人間力は、自分が影響を及ぼすことのできる対象（範囲）に集中して発動することによって、その効果を倍増させます。人生の中には、自分が関心を寄せるべきことと、そうでないことがあります。健康のこと、家族のこと、仕事のことなど、まず、自分のもてる限りの時間とエネルギーを関心事に集中させることが大切なのです。さらに、自分の関心事の中でも、自分が直接・間接にコントロールができ、影響を及ぼすことができる分野があるはずです。つまり自分が影響を及ぼすことのできる分野に集中することこそが大切なのです。

役割を全うする生き方

「あなたは、どのような分野で、何をして、誰に、役立つことを喜びとして生きていますか」と問いかけられて、自分の心に適《かな》った答えをすぐに用意できる人は、そう多くはありません。自らの役割を、自分の言葉でしっかりと自覚し、役割のあることの意味や素晴らしさを感じ、自らの役割の達成に向かって生きる決意をすることが、人生を成功に導く出発点となるのです。

Ⅰ　三つのフィールド

三つのフィールドに役割を見出す

「やり遂げる力・関わる力」は、「役割」を通じて発揮されるのです。役割のない人は存在しない人です。役割のあやふやな人は存在のあやふやな人です。人間集団である組織もまた同じです。自らの役割をしっかりと自覚し、役割のあることの意味や素晴らしさに気づき、自らの役割の達成に向けて生きる決意をすることが、自らの人生を成功に導くための出発点となります。自分の「役割」がハラの底に落ちていない人は、何をも為し遂げることはできないのです。

私たちは、「家族」「地域社会」「仕事」の三つのフィールドをもって生きています。三つのフィールドに対する理解を深めることが「役割」を自覚する出発点となるのです。

家族というフィールド

私たちが、この世に生を受けて、最初に降り立つフィールドは家族です。母親と父親、そして兄や姉がいれば彼らとの関係の中に私という存在が登場するのです。この家族というフィールドにおける役割は、他のフィールドにおける役割と決定的に異なります。家族の中において、私たちは、ただただ存在することが最も大切なのです。

家族、とりわけ子どもに対する親は、あなたが健康であろうとなかろうと、優秀であろうとなかろうと、成功しようと失敗しようと、そのようなことには関係なく、あなたが存在することのすべてを受け容れてくれるのです。家族とは、本来、あなたのすべてを受容してくれる場所なのです。他のすべての関係において、その存在を否定されようとも、「ただそこにいるだけでいい」と言ってくれるのが家族なのです。

今や家族のかたちは一つではありません。実の両親や血を分けた兄弟と家族関係が形成されない場合もあります。祖父母や育ての親、また他人が家族になる場合もあると思います。どのようなかたちであれ、あなたの存在のすべてを受け容れてくれる場所、これを家族と呼びたいと思います。

すべてを受け容れてくれる場所というと、甘やかすことが家族なのかと誤解を受けそうですが、そうではありません。私は、本来、家族は、社会に役立つ人を育む場であると考えます。親には、子どもが社会で役立つ人として成長するように、わが子を責任もって育てる義務があります。学校は学問を学び、集団生活や社会生活を学ぶ場です。人を育む役割の中心は家庭になければなりません。家族が、すべてを受け容れる場であるというのは、わがままを放置し、好き放題にさせるという意味ではないのです。人が成長する過程で発生する数々の失敗や過ち、至らなさをも含めて、全人格、存在していることそれ自体を、愛情をもって受け容れるという意味なのです。

地域社会というフィールド

私たちは、家族に、また両親に育まれて、乳幼児期を過ごします。片言が話せるようになり、よちよち歩きができるようになると、地域社会への参加が始まります。家族というフィールドから地域社会というフィールドへと役割の場を拡げていくのです。保育園・幼稚園、小学校、中学校、高等学校、専門学校、大学校と、多くの人が児童・学生として、家族以外の多くの人々との関係を経験します。児童・学生の地域社会における基本的な役割は、何かの分野で、社会に役立つための能力を身につけることです。大学を卒業するまでに、小学校から計算しても、一六年間もの長い期間を社会に役立つ能力を修得するために費やすことを、社会に許容してもらっているのです。

私たちは、本来、この一六年間という限られた時間の中で、「あなたは、どのような分野で、何をして、誰の、また何の役に立つ人になりたいのですか」という質問に対し、何度も何度も自問自答し、幾度かその答えを変更しつつも、できるだけ早い時期に、自分の心のうちで納得できる答えを見出し、役割を果たすために必要な能力を身につけることが期待されているのです。

役割を獲得し、しっかりと遂行するためには、三つの要件を満たさなければなりません。第一に、自分は、誰の役に立ちたいのか、どのような人々と生きて行きたいのかを明らかにすることです。第二に、誰かに役立つための分野を明らかにし、そのための技術や技能をしっかり身につけることです。第三に、人間関係を構築する力、コミュニケーション能力とでもいうべきものをしっかり身につけることです。自分以外の人々との関わりなしに、役割を果たすことは不可能に近いからです。

ところが、恥ずかしながら、私を含めて、圧倒的多くの大人が、社会における自分の役割の発見に強い関心を抱いていたにも関わらず、それを見出すことなく、学生時代を終え、就社というかたちで、職業人のフィールドへと入っていくことになってしまったのです。私たち大人の多くが、私は、「どのような分野で、何をして、誰に、何に役立つ人間なのだ」と、自らの役割をしっかりと自覚できたのは、就社してから随分と月日が経ってからではないでしょうか。否、自覚できた人はまだマシかもしれません。未だに自覚をすることなく、目の前にやってくる作業を片づけている毎日を送っている人のほうが、圧倒的に多いのかもしれません。

地域社会には、人生にとって大切なことがたくさんあります。友人をつくり、共に遊び、共に学び、共に語り、共に何かに熱中する。気の合う異性を求め、恋を育む。ゴミ置場の掃除、消防や安全に関わる活動、自治会やPTAの役員など、地域の生活を営んでいくための役割を分担します。

ところが、多くの人々が、就職と同時に、地域社会からいなくなってしまうのです。何だか離脱してしまったかのように。結婚して、子どもができて、また地域に帰ります。それでも、仕事が忙しくなってくると、地域社会との関係は、また希薄になっていきます。友人という人々との交流でさえも、一旦お預けの状態になってしまうのです。

仕事というフィールド

学校を卒業すると、多くの人々が就職します。実際は就社する人が多いわけですが、いちおう職業人となるわけです。職業人の役割は、家庭や地域社会の役割の上に成り立っているのであって、職業人になったから、家庭や地域社会における役割を放棄していいという話ではありません。

職業人の役割は、家庭や地域社会におけるそれと決定的に異なっている点があります。それは、存在しているだけではダメだということです。何かの分野で、誰かの、また何かの役に立たなければ、その存在を許容されないというところが決定的に異なっているのです。全人格的に受容されることもありません。それどころか、時には人格がズタズタに傷つけられるような出来事にも遭遇します。その反面、人の役に立つ喜びをこれほど実感できるフィールドもありません。恐らく母親がわが子を産み育て、その成長を見守る喜びに次ぐ喜びを実感できるフィールドだと思います。

三つの居場所、三つのバランス

私たちは皆、家族、地域社会、仕事という三つのフィールドに生きています。短期的には、どうしても、どこかのフィールドに重心を置かざるを得ないのが現実ですが、これら三つのフィールドのバランスは、長い時間軸の中では、均衡がとれていることが大切です。

二〇代から五〇代まで、約四〇年間、どうしても仕事中心の人生となりがちです。専業主婦の方も、主婦業が大変多忙な時期であると思います。働き盛りの年齢の多くは、生活の中心が仕事になりがちです。人生のほとんどを、職業人というフィールドが圧倒的に占拠しているのです。

私たちは、職業人として、エネルギーが枯渇しそうになった時、やる気が失せてしまった時、どうすればよいのでしょうか。職業人として、その存在を否定される日々が続いたらどう対処すればよいのでしょうか。自分の職業を変える必要に迫られた時、どのように対処すればよいのでしょうか。

職業人というフィールドしかもたない人は、自分の居場所を失ってしまいます。職業人としての自分が崩壊することと、全人格としての自分が崩壊することが同じになってしまうのです。一生懸命に仕事に打ち込む人ほど、そうなりがちです。

自分を支えて下さるお客様をしっかりともっている職業人や、現在所属している組織以外でも十分にやっていけるレベルの能力を備えた職業人でさえ、この問題は深刻です。特定の会社や組織の中でしか通用しないレベルの職業人の場合、なおさら大変な問題になります。

職業人として逃避することを勧めているのではありません。職業人としての自分に降りかかる内面・外面の危機に立ち向かい、乗り越えるための心を準備するためには、まず自分の役割をしっかりハラの底に落とすということが大切なのです。地位や金銭に依存したり、特定のお客様に依存したり、自分の担当している仕事に依存したりしていると、自分の居場所を見失いがちです。職業人としての危機に対応するためには、自らの役割を、しっかりハラの底に叩き込むことなのです。

それでも、自分がハラの底に叩き込んだはずの役割を大きく揺さぶられ、なぎ倒されるような状況に遭遇することがあります。そんな時、職業人以外のフィールドにいる友人や家族の存在が、前を向いて走るための心のエネルギーになるのです。

北京オリンピックの前でしょうか。柔道の金メダリストの話がテレビで話題になっていました。彼は、一時、柔道との決別を考え、柔道着を脱ぎ捨てました。柔道着を着て金メダルをとることが彼の全人格を支配するまでに、周囲の期待と自分自身への厳しさが高まってしまったのでしょう。彼の心の中は、燃え尽き症候群という言葉では表せないほど、壮絶なものだったと思います。彼は、地元に帰って、学生時代の友人たちとサーフィンに打ち込んだそうです。学生時代の友人と関わり、自分を、柔道着を着た金メダリストではなく、ただの仲間として、全人格的に受け容れてもらうことができたそうです。彼を全人格的に受け容れてくれる旧友との関わりが、彼にまた柔道着を着るエネルギーを与えたのです。

自らの役割を強く自覚し、それを達成した人物でも、あるいはだからこそ、その役割を続けていくためには、膨大な心のエネルギーが必要となるのです。スポーツの世界だけではありません。各界で頂点を極めた人々に共通する経験ではないかと思います。役割を全うするためには、大きな心のエネルギーが必要になります。

心は、傷つきやすく、すぐにへし折れてしまいます。大きく傷ついた時には、一旦退避する場所が必要です。弱虫ではないのです。強く生きるために、自分を一〇〇％ありのまま受け容れてくれる場所に帰るのです。帰れる場所があるということは、とても大切なことなのです。

職業人として、立ち直れないほど傷ついたら、地域社会へ、友人の元へ帰ればいい。家族のところへ、親元へ帰ればいい。逃げ帰るのではなく、傷ついた羽を休めるのです。職業人として頑張るあなたには、家族と友人の支えが必要なのです。石川啄木の詩に、「友が皆、我より偉く見ゆる日は、花を買い来て、妻と親しむ」という詩があります。落ちぶれた男の話と捉える人もいるでしょう。しかし、私はこの詩をそのようには受け止めていません。私はこの詩に、傷ついた心を癒してくれる場所があるということは、とても大切なことなのだというメッセージを感じているのです。

人生を成功に導くためには、まず三つのフィールドを、しっかり確保して下さい。そして、各々のフィールドにおけるあなたの役割を明確に認識して下さい。役割を明確にするということは、誰に、どのような分野で、何をしてあげられることが、自分の生きる喜びとなるのかを明らかにすることなのです。

そして、三つのフィールドのバランスを保てるように意識して下さい。家族との時間、友人との時間、仕事に打ち込む時間。時間の配分は、人生の配分、三つのフィールドのバランスも時間に置き換えると分かりやすいのです。時間の配分は、人それぞれの生き方で異なります。ほとんどの時間を仕事に費やしていても、家族との絆をしっかり温めている人もいます。四六時中、家でゴロゴロしているのに、家庭の崩壊を招いている父親も存在します。大切なことは、限られた時間をどう配分し、どう生きるかということなのです。

一年に一回以上、家族と一緒に墓参りをします。先祖との時間です。正月とお盆ぐらいは妻の、また夫の実家に帰省します。定期的に両親を食事に誘います。子どもがいれば、孫の顔を見せることは大切です。家族を連れて旅行に出かけます。日帰りの小旅行や温泉旅行、海外旅行、何だって構いません。特別の思い出ができます。時には、家族と外食をします。回転寿司の時もあれば、ちょっと贅沢なレストランの時もあります。定期的に友人たちと食事をしたり、お酒を飲んだり、趣味を共にして楽しみます。時には自分だけの時間も必要です。それ以外の時間のほぼすべては、職業人としての役割に没頭する時間でしょう。もっとも、一見しただけでは、仕事をしているのかどうか、分からないような時間も含めてですけれども。

祖先との時間、両親との時間、家族との時間、友人との時間、自分だけの時間、職業人として集中する時間、少し意識すると、とても大切で愛おしい時間です。私たちの役割は、誰かの子どもであり、誰かの夫や妻であり、誰かの母や父であり、誰かの友人であり、誰かに頼りにされる職業人です。私たちの多くは、役割を受け入れることができなかったり、役割を上手く果たせなかったり、自分の役割について悩み、葛藤を繰り返します。それでも、自分の役割に誇りをもつこと、自分のすべての役割をしっかりと全うしようとすること、たとえ幾多の挫折を経験しても乗り越えることを、心に決めることが大切なのです。

Ⅱ 関係性

すべては「関係性」の中に存在する

すべては「関係性」の中に存在します。人、組織、自然、地球、宇宙とすべてが関係性の中で存在します。人は、周囲のすべての環境と遮断された状況で生きていけるのかという問いに答えを出そうと研究した心理学者がいます。答えはノーだそうです。「関わる」ということは、生命の維持に決定的に必要なことのようです。赤ちゃんも、空気と栄養を供給するだけでは、生命が維持できないようです。未熟な脳と身体を発達させるためには、外部からの刺激が必要なのです。見る、聴く、触る、嗅ぐ、舐めるが必要なのです。中でも、赤ちゃんに安心感を与え、脳と身体の発育を促進するのは、撫でるという行為なのです。赤ちゃんの成長には、肌と肌が触れ合うことが不可欠なのです。

人間は五感を通じて、外界と繋がっています。もし、視覚、聴覚、触覚、味覚、嗅覚のすべてを失ってしまう病に冒されたとしたら、どうなるのでしょうか。あのヘレン・ケラーでさえ視覚と聴覚以外の機能が残されていました。人の気配や温もりを感じることができたのです。もし、すべての感覚を奪われたとしたら、何をも感じることのできない世界になってしまいます。何も見えない、何も聴こえない、何も感じない。たとえ、息をしていたとしても、とても生きているという状況ではありません。想像するだけで、恐ろしいことです。ところが、現実には、それに近いことが起こりうるのです。否、私たちの身近なところで起こっているといったほうが正しいのではないかと思います。

関わる力

記憶に新しい秋葉原の無差別殺傷事件を引き起こした犯人の心理状態は、恐らく外界から隔離された状況だったのではないかと思います。勿論、彼のやったことを許すことはできません。どのような原因であのような行為に至ったかは分かりませんが、彼が周囲から無視された状態、言い換えると存在を否定された存在だと、彼自身が感じていたことは事実のようです。彼自身が感じていたという事実は、彼が無視されていたということとは違います。事実は分かりませんが、彼はそのように感じていたようです。彼自身と彼の周囲の人々の関わる力、関係における問題が、彼をあのような行為に駆り立てたともいえるのです。

青少年が非行に走ったり、陰湿で執拗なイジメが横行したり、登校拒否を引き起こしたり、学力が著しく低下するといった現象の原因も同じところにあります。発端は関係構築における失敗なのです。周囲の人々との人間関係を上手く構築することができなかった結果、自らの存在を否定されることに対する抵抗であり、状況を打開する術を知らない者の叫びなのです。関係構築に失敗した彼らは、ただただ危機感を感じ、抵抗するか、泣き寝入りするか、周囲との関係を自ら絶っていくといった方法しかもち合わせていないのです。彼らは、自分が変わることで、周囲との関係を変えることができるということを知らないのです。頭では理解していても、勇気がなかったり、周囲の協力が得られないままの人もいるはずです。

私の知人に、素晴らしい高校の先生がいます。彼は、高校生に、「関わる力」を身につけさせようと、頑張っています。先生の話によると、いい成績の子どもは、家庭環境や友人との関係が上手くいっているそうです。成績の悪い子どもは、そのいずれか、または両方に問題を抱えていると話されます。

彼は、具体的な行動を起こしています。クラスメイトの関係が良くなるように、学年が変わって、新しいクラスが始まった直後の早い時期に、重点的に、様々なプログラムを実践し、成果を上げています。クラスメイトがお互いをよく知り、良い関係を築けるように、子どもたちに知識を提供し、コミュニケーションを良くするためのプログラムに参加してもらっています。もう何年も続けておられますので、結果もしっかり出ています。イジメや登校拒否がなくなったばかりか、成績が良くなっているのです。

彼は、学校で一番大切なことを教えてくれていると思います。社会で役立つ人を育てるのが学校の役割ですから、関わる力を教え、クラスの中で実践させているところがすごいと感じ入るのです。このような取り組みは、今や、他の高等学校、中学校、小学校へと、ゆっくりではありますが、拡がっているようです。

さて、私たち大人の世界はどうでしょうか。やはり、関わる力が弱いと感じます。しかも、年々、弱くなっていっているように感じます。日本の外交から、部下の行動改善に関するアドバイス、果ては男女の関係に至るまで、関わる力が衰退しているように感じます。

関わることから生まれるエネルギー

最近は、脳の研究がずいぶんと進んで、いろいろなことが科学的に解明されるようになってきました。ミラーニューロンという脳の神経細胞が関係していて、他人と分かち合う喜びは、一人の時のそれよりも格段に大きくなるし、喜びを感じた時には、人と一緒に喜びたくなるということが分かっているのです。ミラーニューロンが、他人の行動を、自分の行動が鏡に映ったかのように認識し、他人が喜びを感じていると感知すると、それを自分の喜びとして認識するのです。ミラーニューロンは正直ですから、人の憎悪や悲しみをも、増幅させてしまいます。

ですから、安らぎ、信頼、楽しさ、嬉しさ、やる気といったポジティブな感情を生み出す関係を育むことで、プラスのエネルギーを増幅させることができるのです。反対に、怒り、恐怖、不安、不信、嫉妬といったネガティブな感情を生み出す関係は、マイナスのエネルギーを増幅させ、私たちの心の力を破壊してしまうのです。

笑顔で挨拶する。相手の名前を呼ぶ。優しい眼を向ける。「この間気にしていたことは大丈夫だった?」と相手を気遣う言葉をかける。「元気?」と声をかけて、肩にそっと手をおくといったフレンドリーなスキンシップをはかる。相手の良いところ、強いところ、魅力的なところを見出して誉める。このようなポジティブな感情、プラスのエネルギーを生み出す関わり方が大切なのです。難しいことではありません。互いに意識して、習慣化することで、ずいぶん関わる力が育まれていきます。関係を育むのですから、一人ではできません。みんなで、一緒になって、互いに育むことで、効果が高まるのです。

リーダーが率先垂範すること

関係性を育むためには、一人ひとりが、プラスのエネルギーを発揮できるように、より良い習慣を身につけることと同時に、その人間集団のリーダーとしての役割を担当する人の関わり方が、とても大切になるのです。

学校だったら、先生、様々なクラブ活動のリーダー、ガキ大将といった人たちが、リーダーになると思うのです。昔は、そういう人たちが、ちゃんと機能していました。ガキ大将は、時には脱線したりもするけれど、基本的には正義感に溢れていて、絶対に弱い者いじめなんかする存在ではありませんでした。むしろ、一番いじめられやすいクラスメイトを守ることが役割でもありました。勉強のできる子、スポーツのできる子、優しい子、おとなしくて目立たない子、いろんな子がクラスの中にいるのだということを、互いに認め合って、クラスという人間集団が成立していたのだと思います。

家庭のリーダーは、母親か父親に決まっています。「おはよう」「おやすみ」と笑顔で挨拶する。家族を名前で呼ぶ。優しい眼を向ける。互いを気遣う言葉をかける。フレンドリーなスキンシップをはかる。互いの良いところ、強いところ、魅力的なところを見出して誉め合う。私たちは、母親として、父親として、先ほど申し上げた習慣を実践できているでしょうか。ポジティブな感情、プラスのエネルギーを生み出す関わり方を率先垂範できているでしょうか。胸に手をあてて考えてみる必要がありそうです。

会社におけるリーダーは、社長、役員、管理職といったところでしょうが、プラスのエネルギーを生み出す関わり方を率先垂範できているでしょうか。挨拶なんて部下が俺にするものだとふんぞり返っていないでしょうか。名前を呼ばずに、「おい君……」などと言っていませんか。優しい眼や相手を気遣う言葉どころか、いつも厳しい眼差し、疑いの眼差し、自分の要求したことの結果確認に終始していないでしょうか。良いところ、強いところ、魅力的なところよりも、欠点や弱点ばかりを指摘する結果になっていないでしょうか。リーダーの人としての情緒的な関わりが、組織のメンバーにプラスのエネルギーを生み出すことを忘れてはいけません。

リーダーは多様性を受け入れること

また、リーダーが多様性を受け入れることが大切です。そのことができないと、リーダー自身は勿論のこと、集団や組織のメンバーが、互いに関わる力を発揮することができないからなのです。リーダーが、自分の考え方や生き方と異なる人々を受容することができないでいると、リーダー自らがネガティブな関係構築を主導してしまい、彼が担当する集団の関わる力を弱めてしまうことになるのです。

リーダーは、時折、自分の率いる人々が、皆、自分と同じように考え、同じように行動してくれたら、どんなに素晴らしい組織ができるだろうと考えることがあります。しかし、それは幻想です。自分と同じ人間が何人いても、彼らは決して、自分の言うことを聞いてくれはしないでしょう。互いに得意な分野で補完し合うこともできません。何しろ、長所も、短所も、強みも、弱みも、何もかも同じなのですから、補完し合うことが何もありません。集団で何かをする意味がないどころか、集団で生きる意味さえ疑わざるを得ないのです。個々人のもつ様々な個性や能力を活かし、組織や集団の目標達成に向けて、人々を導いていくことが、リーダーの重要な役割なのです。

人間社会にとって、多様性が重要であることは、様々な分野の研究と歴史が教えてくれています。生命という見地からすると、多様性が崩壊することは、多くの種が絶滅へと向かうことを意味します。一神教的な考え方、原理主義的な考え方は、一元的な考え方と相容れない人々を否定する傾向があります。社会主義が崩壊し、資本主義が勝利したように見えましたが、今では資本主義そのものも岐路に立っています。多様性が重要なのです。リーダーは、多様性を受け入れることで、豊かな関係構築をリードすることができるのです。

愛情と責任をもって関わること

また、関わることとは、相手との関係の中で、自分が何らかの責任を負うことを意味します。責任をとりたくないから、関わりを避ける人々が多くなっているのも事実です。しかも、様々な組織や集団の中で、責任ある地位にあるリーダー層にも、関わることを回避する人々が多くなっているので困ったものです。自分で責任をとれるリーダーに、部下はついてくるのです。

深く関わると、結婚なんて言い出されたら困る。だって、僕の大好きな洋服を買えなくなってしまうから。本気で恋愛すると、ふられでもしたら、傷つくのが怖いから、最初から止めておく。身勝手な都合で余計な作業をどんどん増やして、たくさんある大事なことには首を突っ込まないようにする。誰もが、それはうちの仕事じゃないといって、境界線の仕事をしない。あげくの果てに、自分の親や子どもの生活水準が、世間水準より低いのは、国のせいだと、誰もが、他人の責任にするから、何でもかでも国の責任になってしまう。国も、何かあると責任を追及されるから、責任を回避するために、どんどん法律が増え、どんどん無駄な公共事業が増え、私たちの子孫にツケが回される。

一言「いい加減にしろ」と言いたい。

世界の先進諸国も似たようなものだと感じますが、その実態はよく知りません。少なくとも、日本という国において、関わる人が、ちゃんと関わるということが崩壊してしまっているように感じます。年金の問題も、健康保険の問題も、ちゃんと親子や家族の中でやることが基本となってないと、誰もが、国が何とかしてくれると考えるのは能天気過ぎます。

年老いた親の面倒を見ることは大変です。少子高齢化が加速する中では、経済的な見地からも、介護の見地からも、深刻さを増していきます。個人にとって、友人、知人、地域社会、そして国家レベルのバックアップがないと、乗り越えることが困難な大きな課題です。しかし、子どもの面倒を見るのは親の務め、年老いた親の面倒を見るのは子どもの務め。これが基本なのです。自分の子どもの面倒を親が見ないで、誰が見るというのでしょうか。

最近、育児放棄が問題になっています。育児放棄までいかなくとも、両親が関わるべき教育を学校や塾に押しつけている状況は、広がりつつあります。母親や父親が関わらないと、子どもの関わる力は育たないのです。

私の知人に、早くに、奥様を亡くされ、男手一つで、三人のお子さんを、大学を卒業し、就職するまで、立派に育てられた方がおられます。しかも、彼の子どもたちは、皆、素直で、まっすぐに育っていて、一流と呼ばれる大学を出て、社会人として立派に活躍しているのです。私は、何か子育ての秘訣があるのかと思い、彼に質問したことがあります。彼は、毎日、朝四時半に起きて、お弁当をつくってあげただけですよと答えてくれたのです。自分が遅く帰ることが分かっている時には、しっかり晩御飯の準備までしてから、仕事に出かけたそうです。私は、心の底から、すごいと感じ入りました。そして、愛情をもって、関わることが、人を育むのだと教えられました。

関わってよいこと、いけないこと

企業社会でもおかしなことが起こっています。会社は、究極的には、お客様に支えられて存在しているのです。それにも関わらず、お客様のほうを向いていない会社が山ほどあるのです。お客様に関心を向けないで、会社の儲けや、効率化、株主に目を向けているのです。社員は社員で、自らの役割を果たすことを考えず、目の前の作業に終始しているのです。こんな会社がたっぷりとあるのです。

百年に一度などといわれ、世界同時不況の様相を呈した経済危機も、実は、経済だけでなく、経営にも問題があるから、起こっているのです。とくに、世界的な経済に影響力の大きな国家や巨大企業の行動に問題があったから発生しているのです。世界の経済のリーダーたちの行動に問題があったのです。

何が問題かというと、変えてはいけないルールを変え、売ってはいけないものを売り、本当は、売ってはいけない人々を、顧客にしてしまった、売ってしまったから、問題が発生しているのです。経済の急速な悪化の原因を、サブプライムローンが引き金を引いた同時不況だと景気のせいにしていますが、実は、その根本原因は、国家や巨大企業の経営に問題があるのです。

関わってはいけないことに関わったことが原因なのです。米国型資本主義のルールへと世界が傾注していったことが大きな要因です。資本主義のかたちは、一つではありません。各国の歴史や文化に根ざした資本主義のかたちがあります。少なくとも、日本の資本主義には、短期間で売買益を稼ぐ投機家を、企業の所有者として認める文化はありません。労働に対する価値観も異なります。そうしたことを、この一〇年から二〇年の間に、根こそぎ変えていったことに問題があります。行き過ぎた株主重視や米国流会計制度の導入、郵政民営化など、様々な改革の名のもとに、日本の国益が失われ、日本企業の生み出した利益や郵貯マネー、年金マネーが、海外へと、また投機市場へと流出し、日本人の財産が失われました。だぶついたお金が、悪さをしましたが、結果的に、そのだぶついたお金の多くを拠出したのもまた日本なのです。国益、国民の利益、さらには世界の経済を考えると、関わってはいけないルール変更に関わってしまった国家があるのです。

世界的な金融を担うメガバンクは、売ってはいけない金融商品を売りまくりました。サブプライムローンを筆頭に、債権という名前の借金の塊《かたまり》を、証券化して、大量に販売していたのですから驚きです。世界の経済に影響力を及ぼす巨大な金融機関が、その本来の役割を忘れて、欲の塊と化し、売ってはいけないものを売りまくっていたのです。

米国市場で事業展開していた住宅業界も、自動車業界も、恐らく売ってはいけない顧客に売ってしまったのです。何しろ、本来はローンを組むこともできない、支払能力に大きな問題のある人々が顧客だったのですから。もしかしたら、米国の多くの顧客は、すでに売ってはいけない顧客なのかもしれません。今から考えると、ドバイの開発ラッシュも、幻想だったことが分かります。破綻することが見えていたのです。いくらニーズやウォンツがあっても、購買能力のない人々を顧客とは呼びません。また、いくら購買能力があるように見えても、ニーズやウォンツがないところに、事業が根づくことはないのです。

巨大企業は、皆、そろって、株主の顔色を窺《うかが》い、競争相手に飲み込まれる前に、いかに競争相手を飲み込むのか、そのことにしゃかりきになっていました。売上、利益、シェアの成長、競争に勝つことに関心が行き過ぎて、大切なことを見失っていたように思います。

巨大企業間同士の行き過ぎた感のある競争が、優秀な人々によって運営されているはずの巨大企業各社の世界経済のリーダーとしての役割行動を誤らせたのかもしれません。

巨大企業といえども会社です。会社は、お客様に対する関心が薄れた時に危機的状況へのカウントダウンが始まっているのです。いきなり資金に困ることはありません。お金がなくなる前に、そういう状況が発生しているのです。真の顧客と関係する力が弱くなり、本質的には関わってはいけない顧客の割合が増えると、会社は衰退していく運命にあるのです。会社の役割を全うすることに集中することなく、逸脱した行動へと傾注すると、おかしなことになるのです。関わるべき人、関わるべきこと、関わるべきものに、しっかり関わり、関わってはいけないことには、関わってはならないのです。

Ⅲ　役割に生きる

進化する役割

私たちは、「私には役割がある」と、誇らしげに感じ、堂々と、ハラの底から言える生き方をしたいものです。そういう生き方を目指すべきです。そのためには、まず「私は、どのような分野で、何をして、誰に、どのように役立つ人間なのだ」ということを明らかにすることが必要です。自分がこれから手にする役割について、またすでに自分が獲得し、実践している役割について、自分の心を奮い立たせる言葉で、明らかにすることが大切なのです。

私たちの役割は、志し、創造し、獲得し、遂行し、達成し、磨きをかけ、更なる高みへと進化するのです。一つの役割は、それを全うするまで、進化を続けるのです。一つの役割を全うすることを怠る者は、その役割の達成を阻止され、時には剥奪され、自分が心では避けたいと思っている役割に挑戦させられることになります。反対に、一つの役割を全うすることに精進する者は、その役割の途中で、または全うした後に、より大きな、またより個性を発揮できる役割への挑戦機会を得るのです。

徳用とは、個性を活かして役に立つこと

「徳用」という言葉があります。広辞苑には「徳より発する作用」とありますが、元々、仏教用語なのです。「徳」とは、国語辞典的には、道を悟った立派な行為であるとか、善い行いをする性格などと定義されていますが、その本質は、生きとし生けるものの独自の機能（働き）、つまり、その人の、またそのものの「個性」や「良さ」を意味するのです。「用」という言葉には、用いること、役に立つこと、働くことといった意味があり、徳用とは、まさに個性を活かして、役に立つことなのです。そのことが、優れた働き、善行に繋がるのです。

自らの個性を活かして、誰かの役に立つことこそが、徳を積むということであり、役割に生きるということなのです。自らを押し殺して、誰かの役に立つことにも美徳を感じますが、やはり滅私ではだめなのです。活私でなければならないのです。

また、事業活動においては、徳を積むことを通じて、結果としての得はもたらされるのです。儲けるという字を「信者」と書くように、信者すなわちお客様に支えられて、事業活動は成立するのです。役割に生きるということが、私たちの事業活動を、そして人生を、幸せで、豊かなものにし

てくれるのです。

職業人としての役割への挑戦と準備

今から、自分の役割、とりわけ、職業人としての役割を獲得する人たちは、やはり、自分の個性に合った、良さの発揮できる役割を見つけることが大切です。個性に合っていないことや、良さを発揮できないことは、苦痛でしかありません。あなたがお役立ちする相手にとっても、社会全体にとっても、有益なことではありません。個性や良さが発揮できる分野を、互いに分担するからこそ、役を割るということに意味があるのです。

しかし、情報や経験に乏しい若い時期に、自分の個性に合ったこと、良さを発揮できることを見つけ出すことは、とても難しいことです。好きなことを選ぶという方法もありますが、好きなことが、必ずしも自分の個性や良さを発揮できる分野であるとは限りません。自分にはない、憧れの人がもっている良さが活かせる分野を、好きだと感じたりすることもあるのです。

それでも、若い時期、それもできるだけ早い時期に、個性、強さ、良さといった適性と、好きだ、関心がある、やってみたいと思うといったことが一致する分野を決めて、その準備を進めることは重要です。長い学生生活の間に、探索し、見聞し、疑似体験できることは体験し、これと決めて、知識を、技術を、習得することが、学生の役割なのです。

職業人生の、少なくとも前半の役割を決定するまでの時間は、そう多くはありません。役割は、獲得しなければなりませんから、希望するだけでは、やってきません。どのような職業人を目指すのかを決めて、しっかりと準備をし、社会が役割を期待してくれる自分をつくらなければならないのです。何しろ実績など何もないのですから、期待される自分をつくらなければ、役割の獲得という出発点に立てないのです。

就職活動の時期には、「私は、こういう分野で、こういうことをして、こんな人々の役に立つ仕事をしたいのです。そのために、学生時代を通じて、こういった生き方をし、こんな技術を磨いてきました。必ずや御社という舞台を通じて、御社のお客さまに貢献できます。ひいては、御社に貢献できます」と、言えるようになっていることを目指してほしいのです。職業人としての役割には、対価がついて回ります。自分の役割が、ちゃんと売物になるというアピールができるようにして、就職活動に臨んでほしいのです。

そうしますと、大学生なら、すでに一年生では、自分の職業を決めていないと間に合いません。理系か文系かなんてことになりますと、遅くとも高校一年生の段階で決定していないと間に合いません。料理人やピアニスト、プロゴルファーなんてことになると、もう幼少期から決めていないと間に合わないのです。いずれにしても、成人する前に決めていないと、時期を逸することが、本当に多いのです。

今では、適職診断の技術も向上していますから、そういったものを参考にすることも悪くはありません。そういったものに頼り切ってはいけませんが、自分の職業人としての役割を探索する道具の一つとして使うならば、有益であると思います。血液型や星座占いの類も、探索のきっかけづくりに使うのならば、大きな問題はありません。

しかし、やはり基本は、周囲が見る自分と、自分が見る自分を、しっかり照らし合わせて、自分の個性や良さ、強さを、客観的に判断して、向いている分野で、かつ自分が好きな分野を選択することが大事なのです。向き不向きも、好き嫌いも、その人の努力によって、後天的に変えられる、克服できるものなのです。しかし、選べるのであれば、向いていること、好きなことを選択して、そこで努力を積み重ねるほうが、やはり良いと思うのです。

しかし、実際には、思うようにいかないことが圧倒的に多いのです。早い時期から自分の職業を決めて、準備をしても、その道で生計を立てていくチャンスに恵まれない人々がたくさんいます。反対に、就職活動の時期まで、具体的な職業に就くための特別な準備をしていないのに、世間で優良と呼ばれる会社に入って、イキイキと活躍している人々も大勢いるのです。

やはり、将来の職業について、夢や希望、そして目標をもつことは、とても大切なことです。学生時代を通じて、意識して、探し求めるべきです。しかし、それでも見つからない場合が多いのです。見つかっても叶わないこともあるのです。早い時期から周到に準備し、自分の夢の職業に就き、それで生計を立てられる人のほうが少ないのが現実なのです。圧倒的に多くの人々が、結果的には、何かの縁で、会社や職業を選択しているのです。そうして、一度選択した会社や職業も、長い職業人生の中で、何度か変わり行くことが多々あるのです。

だからこそ、学生時代にできる職業人としての役割を果たすための準備として、どんな職業に就いた場合でも、共通して求められる重要な能力を、しっかり身につけておくことが大切なのです。それが「やり遂げる力」であり、「関わる力」なのです。「やり遂げる力・関わる力」は、職業人としての経験がなくても、勉学やクラブ活動など、学生生活を通じて、学び、実践し、磨きをかけることができます。「やり遂げる力・関わる力」は、期待値ではなく、学生時代の実力を証明できる能力分野なのです。何かにチャンレジした経験、そして人々との関わりを通じて、意識して、しっかりと実力を養い、自分を高めてほしいものです。

子どもたちの役割獲得に向けて、私たち大人が為すべきこと

私たち大人は、子どもたちが、彼ら、彼女たちの、職業人としての役割を、探索し、見聞し、疑似体験できることは体験し、これと決めて、知識を、技術を、習得する活動を、しっかりとサポートしなければなりません。勿論、職業人としての役割発見だけでなく、誠実さ、優しさ、強さといったことも、しっかり教えなければなりません。これは、戦後一貫して、この国でできていないこ

との一つだと感じます。

加工貿易立国として、その経済的成功を収めた日本は、これから技術貿易立国として更なる成長を描こうとしています。それなのに理系に進む学生が、どんどん減少しています。少子高齢化で、医療に対するニーズが高まることは、以前から分かっていることなのに、今頃になって、医師不足が叫ばれています。天然資源に乏しいこの国では、国民の頭脳労働がもたらす富が決定的に重要になるのです。それなのに、子どもたちの学力は下降線をたどるばかりです。

私たち大人には、子どもたちを、向いている職業、好きな職業、社会が将来を見通して切に求めている職業へと、導いてあげる役割があります。すべての大人の責任です。両親と学校の先生は、子どもたちと、国語や数学といった成績表を共有するだけでは不十分なのです。本質的には、どの学校に行ける云々よりも大切な話なのです。勿論、いい学校に行ったほうが、いい友人もできるし、いい会社にも入れるし、職業選択の幅も広がるし、一生涯を通じた所得も高くなる可能性だって大きいのです。私も子の親ですから、それはそれで正しい選択だと思います。しかし、将来の職業人生の選択をサポートすることは、本質的に、そんなことよりも大事なことなのです。少なくとも、どういった学校に入るかといったことと、同時に進めてほしいことなのです。

私たち親が、子どもと学校の先生と一緒になって、できることがあります。それは、子どもが成績表をもらって帰ってくる学期の節目に、子どもの将来の職業選択に関係する話し合いを行い、記録に残し、その履歴を活用していくといった取り組みです。子どもの性格や行動の特性、好き嫌い、得意な分野、不得意な分野、関心のある分野について、親と先生と子どもが、一緒になって話し合い、そうした子どもたちの今が、将来の職業人生とどう関係していくのかについて、話し合う機会をもつのです。そうして、子どもが、自らの意思で、将来の職業を探索し、仮決定していく営みを支援していくのです。そういう関わりをもちながら、どの大学に行くとか、理系に進むとか、将来はどのような職業に就きたいとか、子どもが主体性をもって、決められるようにすることが、とても大切なのです。

職業選択をする場合、どのような事業分野に関わるのかということと、どういう職種に関わるのかという二軸で、検討する必要があります。事業分野というのは、エレクトロニクス、医薬品、バイオ、自動車、住宅、農業、行政……といった分け方になります。これは、向き不向きよりも、主に、好き嫌いが関係してきます。また、子どもの性格や教科に対する好き嫌いが大きく影響するのが職種です。企画、デザイン、技術、開発、製造、営業、経理、人事、経営管理といった職種です。

事業分野と職種の二軸で構成するマトリックス図の各セルには、それぞれ、その職業に適した性格、資質、必要な技術・学力といった内容があるのです。先ほど、適職診断という方法を職業の探索段階で参考として使うのは悪くないと申し上げたのは、こういうことが、ある程度、分かってきているからなのです。

親や先生は、世の中に存在する職業について、多くの知識をもっているわけではありません。しかし、しっかりと、子どもの性格や好き嫌いを把握することによって、適職診断をやってみると、向いている職業、好きになれる職業と結びつけて、子どもたちと、子どもたちの将来の職業について、話ができるようになるのです。

実際に、子どもたちが、様々な職業を感じることができる機会として、メディア、とりわけテレビの影響はとても大きいのです。そういう意味では、様々な働く人の現場をリポートした番組『プロジェクトX』がなくなったのは、とても残念です。最近では、ホストをテーマにしたTVドラマをゴールデンタイムに堂々と放送している放送局がありました。何もホストという職業を差別しているのではありません。しかし、どこの世界に、子どもをホストにしたいと願う親がいるでしょうか。できれば、そうなってほしくないというのが、ごく普通の親の願いでしょう。放送局と、その番組を支えるスポンサーが、どのような意図があって、あのような番組を放送していたのか教えてほしいものです。アカデミー賞を受賞した日本の映画「おくりびと」の影響で、納棺士という職業が、にわかに脚光を浴びています。マスメディアの影響力は、とてつもなく大きいのです。その大きな影響力を、有益な方向に使ってほしいのです。

今では、企業も、いろんな団体や学校と協力して、中学生や高校生を対象に職業体験をやっています。大学生についても、就職活動と連動するかたちで、いろんな体験機会が増えています。最近では、いくつかの企業が参加して、子どもたちを対象にした職業体験施設もできています。大変、いいことだと思います。けれども、やはり企業には、営利目的の組織という側面があり、本音のところは、できれば勘弁してほしいといった雰囲気が大勢を占めているのが実態です。このような経済状況では、なおさらのことです。子どもたちが会社を訪れ、説明だ、見学だ、体験だというと大変ですから。

私は、子どもたちに、アルバイトのような体験を、いくらさせても、あまり意味がないと考えています。そういったことは、最近、家庭ではなくなってしまった「お手伝い体験」程度に考えるべきだと思います。アルバイト的な体験ならば、アルバイトすればいい話です。

私は、アルバイトのような体験よりも、一生懸命に働く大人たちの姿を見る機会をもっともっと多く、子どもたちに、また親子に、家族に提供してほしいと思います。そういう大人たちの言葉を、生《なま》で聞くことのできる機会をもっと多くつくってほしいと思います。子どもたちは、そうした大人たちの働く姿から、何かを感じるのです。

体験学習の受け入れは、企業にとって、相当大きな負担になります。しかし、定期的に見学会を開催して子どもたちを受け入れることや、「プロジェクトX」のようなビデオを作成して、子どもたちが学校で見ることができるようにするなど、企業のPR活動と連動するかたちでできれば、広がっていくのではないかと思います。少なくとも、お父さんやお母さんの働く姿を子どもたちに伝えることは、一つの企業で、できることではないかと思います。お父さんやお母さんの働く姿を、子どもたちが見て、感じることができる「参観日」をつくればいいのです。

私たち大人が役割意識に目覚めるために

これから職業人になる子どもたちの話は終わりです。ここからは、すでに職業人である私たち大人の話です。すでに職業人であるあなたは、何らかの役割を獲得していることになります。ところが、とくに好きでもないし、向いているのかどうかも分からないけれど、何となくやっていますという人が圧倒的に多いと思います。そういう人は、いたずらに「隣の畑」を探さないことです。まず、今の役割を正しく認識することが大切です。そうして、今の役割について、どうすれば好きになれるのか、自分の個性や良さって何だろうか、何を徹底的に磨いて、どのように活かせば、より良く役割を果たせるのかについて考え、行動すべきなのです。今の役割から逃げることなく、そういった努力を継続し、前進する中で、異なる分野が出てきたのであれば、役割の変更を検討しても構わないと思いますが、今の役割をいい加減にしておいて、隣の畑を眺めていても、何ら有益なことはないのです。

私たちは誰の役に立つ人間なのか

さて、私たちは、「私は、どのような分野で、何をして、誰に、何に役立つ人間なのだ」と、自分の役割について、自らを奮い立たせる言葉で、しっかりと、認識できているでしょうか。

「あなたのお客様は誰ですか?」「誰に貢献することがあなたの役割ですか?」という質問をすると、多くのビジネスマンは、キョトンとした顔をして私を見ます。さすがに、営業担当者は、彼が担当するお客様のことを話しますが、それでも、真の顧客を理解しているビジネスマンはそう多くありません。

私は、続けて質問します。あなたの会社のお客様はどのように分類できるのですか。真の顧客とそうでない顧客が明確になっていますか。あなたはその中で、どのようなお客様を担当しているのですか。あなたの最重要顧客の歴史、経営理念、経営方針、課題やニーズを明確に把握していますか。キーマンと呼ばれる人々の人柄や人間関係を掌握できていますか……と問いかけます。すると、あまりにも分からないことだらけなのです。あなた、よくそれで営業やっていますねと言いたいぐらいです。

営業以外の仕事を担当しているビジネスマンとなると、事態はもっと深刻です。製造の仕事を担当している人に聴くと、お客様は営業じゃないですかといった答えが返ってくることがあります。確かに、後工程はお客様という視点からすると、正しい答えかもしれません。しかし、自分たちがつくった商品を使って下さる人々をお客様とした視点が欠落している人たちが多いのに驚かされます。毎日、つくって、どこに出荷しているのかということについては、よく分かっているのに、お客様の認識というと、よく分かっていないことがたくさんあるのです。まるで、毎日見ている時計の文字盤の色やかたちを正確に言えないのと同じです。

開発、製造、販売といったいわゆるラインの仕事をしている人たちは、それでもまだマシです。人事や経理といったスタッフに聴くと、しどろもどろという人も少なくはありません。私のお客様は、経営者、管理職、一般社員、会社のお客様、仕入先、株主……と、たくさんイメージして、迷ってしまうから、しどろもどろになるのです。

開発、製造、販売といったラインを担当する仕事が、直接的にお客様に貢献する仕事であるのに対して、スタッフは、間接的にお客様に貢献する部門ということになります。会社の中には、お客様への貢献に関係のない人々はいないのです。しかし、スタッフの直接のお客様となると、人事の場合は、経営管理者と従業員、経理や総務の場合だと主に経営管理者、上場している会社の場合は、株主ということになります。会社のような組織で働く場合、組織のお客様、自分が所属する部門のお客様、そして担当者である自分のお客様と、階層的に認識する必要があるのです。

私のお客様はこの人たちです。私はこの人たちのことを愛しています。愛していますとまで言ってしまうと嘘になりますが、嫌いではありません。好きなほうです。彼らのことが好きですから、彼らのいろんなことを知りたいと思います。彼らの問題や課題が解決され、彼らの喜ぶ顔が見たいから、役に立ちたいと思います。こんな風に感じることができるように工夫することが大切なのです。自分たちのつくった商品や販売する商品を、自分の子どもが食べたり、使ったりすることが分かっていたら、私たちは、どのような気持ちで、どのような態度で仕事をするでしょうか。きっと温かな愛情をもって商品と関わることでしょう。しかし、自分のお客様が、時々会って、当たり障りのない世間話をする程度の人々だったら、また見知らぬ誰かだったりしたら、そのような温かい感情がわいてくるでしょうか。恐らく無理だと思うのです。

自分のお客様を認識するということは、顧客管理カードの項目をぎっしり埋めて、いつでも検索できるように、コンピュータにぶち込んでおくことではないのです。どんなに多くの項目について、情報をインプットできたとしても、そういうアプローチだけでは、お客様を認識すること、感じることはできないのです。お客様を想う気持ちが、わきあがるものでないとだめなのです。

言葉だけでは理解できないことが、たくさんあるのです。お客様を、まるで恋人のように、家族のように、身近に感じ、よく理解しようとするならば、お客様をよく観察することです。お客様が私たちの商品やサービスを利用されている様子をよく観察することです。お客様の意見に耳を傾ける習慣を身につけることです。できるなら、時々、あらたまって意見を聴くことです。また許されるなら、お客様と類似の行動を体験してみることです。

そうすることで、「あなたの顧客は誰ですか」という質問に対する答えに生命が吹き込まれるのです。

どのような分野で、何をすることが役割なのか

さて今度は、「あなたはどういう事業分野のプロですか」「あなたの取り扱っている商品やサービスは何ですか」と質問します。自社の事業分野や取扱商品を言えない人はまずいません。ところが、顧客、提供価値、技術の三軸を押さえて、過去を振り返り、現在から未来にかけて、戦略的に事業領域を定義できているビジネスマンは、そう多くありません。商品のことについては、素人以下の知識しかもち合わせていない営業担当者もたくさんいます。管理部門のスタッフとなると、全く知りませんなんて人も出てきます。どんな部門で、どんな職種を担当していようが、自社の事業分野や商品について、常に素人をはるかに上回るレベルの知識を備えてほしいものです。

さあ次なる質問は「何をすることが、あなたの役割ですか」というものです。役割を認識する上で、誰の役に立つのかという認識と同じくらい重要なポイントです。

営業担当者に聴くと、売上を上げることという回答が得られることが多いのです。売上を上げることは、とても重要なことですが、売上は、役割を果たした結果を測定する一つの指標に過ぎないのです。売上を直接コントロールできる辣腕営業マンがいたらお会いしたいものです。私の定義で

は、営業は、お客様と会社の間に橋を架けることが役割です。頑丈で、太くて、短い橋を架けて、多くの「ひと」「もの」「かね」「情報」が行き交うようにすることが役割なのです。売上は、その役割を果たした結果なのです。

お客様との間にしっかりとした橋を架けようと思ったら、お客様から期待され、満足をいただくことが欠かせません。期待されるから売上が上がり、満足いただけるから、リピーターが生まれ、客単価が上がるのです。だから、しっかりお客様の求めるところを探り、提案し、お客様の購買行動を導くのです。よく情報収集なんて言葉が使われますが、情報収集といった感覚でお客様や見込み客と接していても、何らの有益な情報がもたらされることはないのです。聴くこと、観察すること、体験することを通じて仮説を立てて、仮説をお客様にぶつけることで、お客様の求めるところを探るのです。そうしないと、情報なんて入ってきません。また、そういうお客様を想う行為の繰り返しが、信頼を生み、強固な橋づくりに繋がるのです。

営業は、数字を上げることだと思い込むことで、やる気が出る人は、それはそれで間違いだとは言いません。但し、ちゃんとお客様の役に立って売上を上げている人と、お客様をだまくらかしている人を、見分けなければなりません。営業の役割が売上を上げることだから、どっちだって構わないとなってはいけないのです。

いずれにせよ、数字はやはり結果なのです。過度に結果に依存すると、努力して結果が出る時はよいのですが、出ないと気持ちから何から何まで落ち込むことになります。最強企業と言われるあのトヨタでさえ、未曽有の経済危機で、ガタガタの数字になってしまいました。急速に数字が悪くなったのは、トヨタの営業の役割が急変したからでも、役割行動を放棄したからでもないはずです。数字は、その時々の情勢によって変わるものなのです。

しかし、橋を架けること、強固にすること、橋の上の交通量を増加させる行為を怠ると、状態が悪くなります。経済が良い時は良いなりに、悪い時は悪いなりに、怠ると必ず悪くなるのです。反対に、切磋琢磨すると良くなるのです。役割行動は、結果の良否に関係なく、それ自体をコントロールすることも、評価することも可能です。また、そこに深い喜びを見出すことができるのです。

営業の役割について、考察しましたが、他の職種についても、触れておきましょう。商品企画の役割は、お客様の期待と満足を得て、かつ儲かる商品を企画することです。開発の役割は、企画した商品を一つ、現実に仕上げることです。製造は、開発した商品を、同じ品質で、たくさん、効率的につくることが役割です。物流は、工場でつくった商品を、そのままの品質で、顧客が求める納期に、顧客の求めるところに届けることが役割です。

お客様の要求品質を、営業が中心となって把握する。お客様の要求品質は、商品企画が中心となって企画品質へと変換される。企画品質は、開発品質、製造品質、物流品質と変換され、提供品質というかたちでお客様のところへ提供される。そしてお客様が実際に商品を使われた時の使用品質がお客様の要求品質を上回った時、お客様の満足が生まれるのです。

人事は人的生産性の視点から、経理は財務諸表の視点から、経営資源が効果的に、また効率的に使われるように、役割貢献するのです。経営管理職の役割は、事業活動をより良くすることです。社長は、これらすべての役割行動を統括する責任者です。お客様の満足を通じて、従業員の幸福と共に良い業績を生み出す社会貢献する会社をつくることが社長の役割なのです。

役割って、案外と、分かっているようで、分かっていないものだと感じます。多くの人々が、作業に埋没してしまっているのです。作業自体は、役割ではないのです。役割を達成するための手段なのです。自らの役割を、やる気のスイッチが入るような言葉で表現し、自分自身に語りかけないと、心のエネルギーに点火することができないのです。

作業に終始する生き方を止めて、役割に生きる

ビジネスの寓話の中に「石工《いしく》の話」があります。一見したところ、同じ行為、同じ作業に見えても、その人の心のもち方次第で、大きく役割が異なってくるということがあるのです。一人の石工は、ただひたすら石を彫る作業をこなしているだけでした。彼は「石を彫ることが自分の役割だ」というのです。二人目の石工も同じように石を彫っていました。しかし、彼は「私は、柱をつくっているのだ。柱をつくることが、私の役割だ」というのです。三人目の石工もまた同じように石を彫っていました。彼は、顔を上げ、堂々と言います。「私は、神殿をつくっているのです」と。四人目の石工に会いました。彼もまた同じように石を彫っていました。彼もまた、顔を上げ、天を仰ぎ見、誇らしげに語ります。「私は、神に仕える仕事をしているのです」と。

少なくとも、石を彫ることが役割だと認識するよりも、私は神殿をつくっているのだ、神に仕えているのだと役割認識するほうが、やる気にスイッチが入ります。神殿をつくっていること、神に仕えていることの役割認識をもつことで、その作業は、神殿をつくるにふさわしい作業になるのだと思います。

毎日、毎日、石を彫っている自分が、ちっぽけで、さして何の役にも立たない存在ではなく、神殿というとてつもなく大きな存在の建造を支えているのだと感じられることが、とても大切なのです。自分の存在が、たとえちっぽけでも、作業に終始してはいけないのです。役割を全うしようとする人々は、誰かに、何かの分野で役立つために、その仕事、作業そのものを組み立てるのです。彼らにとって、作業は、役割を達成するための道具なのです。

役割を遂行するためには、必要に応じて道具をどんどん進化させていくことが大切です。しかし、作業そのものが役割になってしまっている人々にとって、もはや作業は道具ではなく、目的になってしまっているのです。作業が目的になってしまうから、仕事や仕事の進め方を変えようとすると、大きな抵抗を示すのです。奪われたら困るし、慣れ親しんだやり方を変えたくないのです。

たとえ、それが、役割達成のために、またお客様のためになっていなくても、意に介さないことになってしまうのです。誰かの役に立つはずが、自分の仕事を守るために、作業に固執することになってしまうのです。

単調な作業を毎日、毎日、繰り返している人々であっても、それは、何か重要なこと、何か大きなことに結びついている、一体化していることを感じられることが大切なのです。工場で、単純な組み立て作業や流れ作業に従事している人々は、毎日、毎日、何かの一部をつくっています。しかし、彼らの多くは、自分の作業が、その後、どんなかたちとなって完成し、誰の手元で、どのように活かされ、喜ばれているのか、不満に感じられているのか、そのことを知らないのです。これでは、役割意識をもった生産活動などできるわけがありません。お客様品質をつくり込む気持ちがわいてこないのです。製造現場の方々の役割意識に火をつけるためには、お客様の顔が見えることがとても大切なのです。

シャネルという不動のブランドを築いたココ・シャネルは、偉大なるファッションを生み出しただけではなかったのです。彼女にとって、それは手段であり、彼女の役割は女性の解放にあったのです。世界的に有名なチェリストであるヨーヨー・マは、自分の仕事は、音楽を通じて、世界中の人々の心と心の交流を支えることだと言っています。音楽を奏でることが仕事ではない。音楽を聴いてもらうことだけでもない。音楽を通じて、人と人の心が交流し合うことを支援することが役割なのだと。

さあ、今すぐ、作業に終始する生き方を止めるのです。過度に、結果に振り回されることも止めるのです。役割を果たすことに集中するのです。作業は、役割を果たすための手段なのです。結果は、役割をしっかり果たせば、相応についてくるのです。私たちは、今この瞬間から、役割を果たすべく行動するのです。役割の達成を志す人の働く姿はかっこいいものです。きつい、汚い、危険な仕事も、地味な仕事も、縁の下の力持ち的な仕事も、役割の達成を志す人の働く姿は、神々しく、とてもすてきです。かっこいいものです。さあ、役割の達成に向けて歩み始めるのです。

Ⅳ　役割を全うする覚悟

覚　悟

役割とは、文字通り、役が割りつけられることを言います。「その役を私に下さい」と申し出ても、器の準備ができていない人物に役が与えられることはないのです。役割を果たすためには、その役割に応じた大きさ、形状の器が必要です。大きな役割を果たそうと思えば、自分の器を大きくする必要があるのです。そして、器を大きくしようとするならば、先に受け入れることをせねばなりません。

役割を獲得し、全うするための覚悟が必要なのです。どんな困難や試練をも受け入れる覚悟ができているかどうかで決まるのです。どのようなことが起きようとも、逃げないで、真正面から受け止めて、対峙する心の準備ができているかどうかで決まるのです。

では、どうすれば「覚悟」を決めることができるのでしょうか。いざとなった時に、逃げ出さない自分をつくることができるのでしょうか。それは、誰かに対して、何かに対して、最後まで責任をもつ自分になるということに尽きるのではないかと思うのです。それは、自分の為すすべての行為の結果が、どのようなものであろうとも、そのすべてを受け入れる心を準備し、不退転の決意で前に進むことなのです。すべてを受け入れて、真正面から立ち向かうことなのです。

良い結果も、悪い結果も、すべて受け入れる決心

しかし、私たちにとって、覚悟の瞬間というのは迷い、決断できないことが多いのです。なかなか決心がつかないのです。高額の買い物を決意する時。バンジージャンプで飛び降りる瞬間。結婚を決意する時。転職や独立を決意する時。新しい事業に打って出る時。一歩踏み出してしまったら、後戻りできないことが分かっているから、それでいいのかと迷うのです。悪い結果を想像すると、

躊躇してしまうのです。良い結果だけではなく、悪い結果も、最悪の結末も、すべてを受け入れるのだという心が迷いを断ち切るのです。自分の意思で決めた行為の結果がどのようなものであれ、買うのだ、飛び降りるのだ、独立するのだ、結婚するのだと強く思うことで、迷いを断ち切ることができるのです。基本的には、そういう自発的な強い思いをもてない時に、一歩を踏み出してはいけません。

どうしても、もう一歩のところで、誰かに背中を押してもらいたい時があります。自分の意思を補強してほしいのです。そうして一歩を踏み出すこともあります。自分の意思で踏み出したのだという自覚さえあれば、それも一つのやり方です。始まってしまったのだから、もう覚悟を決めないとしようがないというところから、ハラの底に叩き込むのです。また、自ら意識的に退路を断って、あと戻りできない状況、それしか選択できない状況をつくり出すことで、一歩を踏み出すやり方もあります。

結果を思い迷うのではなく、自分の為すべきことを為すという決意、自分の為したことの結果がどうであれ、すべて自分が受け入れると心に決めることが、覚悟を決めることに繋がるのです。

心から役割を適《たの》しむ

一旦覚悟を決めたら、あとは適しむことです。背筋を伸ばして、胸を張って、肩の力を抜いて、眉間にしわをよせることなく、笑顔で、役割を適しむことです。背中を丸めて、うつむいて、顔を強《こわ》ばらせ、眉間にしわを寄せて、力んでいる状況では、役割を全うすることはできません。道半ばで息切れしないようにするためには、心から役割を適しむ姿勢が大切なのです。

あえて「楽しむ」ではなく、「適《たの》しむ」という文字を使いました。一八三八年（天保九年）に適塾という塾が、蘭学・医学の学びの場、実践の場として大阪に開設されました。適塾という名前は、設立者である緒方洪庵の号の一つ「適々斎」に由来するそうです。「適々」とは、「自分の心に適《たの》しみとすることを適しむ」ということで、人のため、世のために尽くすことを、自らの適しみとするという意味だそうです。蘭学・医学の分野にとどまらず、適塾から新しい時代を創ることに貢献した人々が多く輩出されたことは、緒方洪庵のこのような考え方が大きく影響しているのだと思います。「適する」という言葉には、かなう、うまく合う、よく当てはまるといった意味がありますが、自分の心に適うだけでなく、同時に他人の心や社会に適うことを、本当の楽しみとして、役割を果たすことができれば、幸せではないでしょうか。

Ⅴ　役割の変化と本質

私たちの役割は変化していきます。自ら望んで、意図して、また望まず、意図せず、変化していきます。役割の変化に一喜一憂する必要はありません。変化していくのです。家族、地域社会、職業人、それぞれのフィールドにおいて、変化が起こります。自分の心が変化を起こしているのです。

物事には、変わることと、変わらないことがあります。変えていくべきことと、変えてはならないことがあります。「家族」「地域社会」「仕事」の三つのフィールドにおける役割の変化を通じて、人間は変わっていきます。しかし、その人のもっている本質、徳、個性というものは、変えるのではなく、自覚して磨き、育むことが大切なのです。

職業人生だけを捉えても、いくつかの職種を経験します。今では、複数の会社を経験することも珍しくありません。役割が変化するのです。人間は、この役割の変化を経験し、その度に、様々な努力をして、新しい才能を身につけていきます。

たとえ、具体的な役割が変化しても、あなた自身の本質、徳、個性といったものが、変わるわけではないのです。徳や個性といったあなた自身の本質は、たとえ、あなたが飛ぶ鳥を落とす勢いで成長するベンチャー企業の社長から清掃業務に従事する日雇労働者になったとしても、何も変わらないのです。あなた自身が、役割の変化を、自分の心がもたらした変化であり、必然であると前向きに受け止めるならば、そこには、新しい役割を通じて、あなた自身の本質を磨き、更なる高みへとあなたを誘う何かがあるのです。

勇気、誠実、正義、思いやり、信条といった人生にとって大切なことは、役割がかたちを変えても、変わらないのです。変わらないものとして、磨き、育んでいくのです。

古来より伝わる文献に『水五則』というものがあります。その内容は次のようなもので、水の徳用から、人間の生き方を学ぶことができます。

一　自ら活動して他を動かしむるは水なり
二　常に己《おのれ》の進路を求めて止まざるは水なり
三　障害にあって激しくその勢力を百倍し得るは水なり
四　自ら潔うして他の汚濁を洗い清濁併《あわ》せ容《い》るるの量あるは水なり
五　洋々として大海を充たし発しては霧となり雨雪と変じ霰と化す。凍っては玲瓏たる鏡となり、しかもその性を失わざるは水なり水は、どのようなかたちに変化しようとも水なのです。人間も同じです。どのような環境にあって、どのように役割が変化しようとも、あなたはあなたなのです。あなたの良さ、強さ、個性をしっかりと自覚して、磨きをかけてこそ、あなたは、光り輝くことができるのです。生きとし生けるもの皆役割があります。この世に生まれてきた私たち、誰一人として役割のない人間などいないのです。

因果の法則――結果を生み出す原因に集中する

今あることは、すべて過去の自分の思いの、そして行動の結果であり、未来もまた、自分の今の思いや行動の結果なのです。より良い人生を手に入れるためには、結果ではなく、結果を生み出す原因に集中することです。未来のために今を、より良い状態を実現するために、自分を変えるのです。過去も、他人も変えることはできません。未来に向かって、なりたい自分を明らかにすること。そこに強い思いを寄せること。それが原因と結果を結ぶ道を歩き出すための大きな一歩になるのです。

Ⅰ　原因と結果

原因と結果を繋ぐ道

原因と結果が一致するというのは釈迦の言葉だそうです。今あることは、すべて過去の自分の思いの、そして行動の結果であり、未来もまた、自分の今の思いや行動の結果なのです。良い結果は良い状態から生まれ、良い状態は良い行動から生まれ、良い行動は良い考え、良い思い、良い心から生まれるのです。すべての根源は、自分の思い、心なのです。他人のそれではないのです。

より良い結果を得たければ、自らの心のありようを変え、行動を変え、状態を変えるのです。それ以外の道はありません。いや、私たちには、原因と結果を繋ぐ道が、ちゃんと用意されているのです。

もし、あなたが「自分の未来は、誰かによって、決められているんだ」なんて馬鹿げた考えをもっているとしたら、そのような考えは今すぐ捨て去るべきです。自分の人生は、自分の力でつくっていくものなのです。

振り返ってほしいのです。今のあなたは、どのような過去の結果としてあるのかを。今の自分を素直に受け容れられる人の多くは、今の自分があることは、周囲の支えがあったからだと感謝の言葉を述べるでしょう。勿論、心の中では、自分の為してきたことが、今に繋がっているのだという実感をもっているのです。反対に、今の自分を素直に受け容れることができない人の多くは、自分の才能のなさを卑下し、周囲や環境に恵まれなかったことを嘆き、あげくの果てには運に見放されたと言います。

原因と結果を繋ぐ道を、自分の足で、しっかりと歩むことができるのは、すべてを自責で生きている人間だけなのです。何かあるとすぐに、親のせい、先生のせい、友人のせい、上司のせい、会社のせい、国のせい、時代のせいと、他責の考え方で生きている人には、原因と結果を繋ぐ道が開かれることはないのです。

私たちは、四六時中、文句や言い訳ばかりを言って生きています。他人のせいにする生き方も、自分を卑しめる生き方も、早く終わらせるべきです。原因と結果の関係を理解すれば、そんな生き方から素晴らしい未来が生まれるはずがないことが分かるはずです。それでも、自分を変えられないのならば、それは、自分で意図したことですから、それもまた受け入れるしかありません。口先だけで語っている素晴らしい未来はやってこないのです。心の奥底で無意識に抱いている未来が、私たちの行動の結果として、そのまま姿を現すのです。

私たちの今の生き方は、過去の結果であり、未来の原因となるのです。より良い人生を手に入れるためには、未来を変えるしかありません。過去は変えられないのです。未来を変えるために、今を変えるのです。未来を変えたいという意思がないと、今を変えることもできません。なりたい自分を明らかにすること。そこに強い思いを寄せること。それが原因と結果を結ぶ道を、歩き出すための大きな一歩になるのです。

Ⅱ　自分を変える

変えられるのは自分だけ

因果の法則は、過去、現在、未来の時間軸だけに作用するものではありません。今という時間軸の中の関係性にも作用するのです。あなたが、人間関係や環境を変えたければ、自分を変えることです。他人を変えることも、環境を変えることもできません。変えられるのは自分だけなのです。自分の心を変え、行動を変え、状態を変えることによってのみ、自分の周囲に変化をもたらすことができるのです。

「類は友を呼ぶ」という諺があります。人は皆、自分の心や思いと類似の人や物事を引き寄せているのです。意識していようがいまいが、本当に心の底にある思いが、私たちに類似の人や物事を引き寄せているのです。

Ⅲ　思いの強さ

強い思いと目標が重なる時

「一念岩をも通す」という諺があります。これも因果の法則に導かれています。思いの強さは、やり遂げる行動力となって表れ、素晴らしい結果を生み出すことができるということです。

強い思いが、障害を乗り越えて前進する行動力を生み出し、強い思いが重なった目標にふさわしい結果を導き出すのです。思いのないところには、ただ作業があるだけですから、障害を乗り越える力が生まれてきません。強い思いと重なり合うことがない目標は、ただのお題目か夢物語でしかなく、実現されることはないのです。心が突き動かされ、何としても為し遂げたいと感じる目標が必要なのです。

強い思いと目標が重なった時、そこに忍耐力が生まれます。思いを成就させるために、何事をも我慢できる力が備わります。思いの力は、私たちの呼吸に、姿勢に、表情に力を与えます。研ぎ澄まされた気のエネルギーが、自らを動かし、他者を動かすのです。

関わる力——心と関係性のマネジメント

役割を通じて、やり遂げる力・関わる力を発揮するためには、自らにリーダーシップを発揮し、心、人間関係、因果関係、そして時間という四つの領域について、自らをマネジメントすることが求められます。己を知り、自らの心をコントロールし、人々と豊かな関係を構築するための術を知り、実践することが大切です。原因と結果の関係を解き明かし、望む結果を手にすべく行動を計画し、実践できる能力を身につける必要があります。人生という名の時間には限りがあります。私たちは、人生の中で一番大切なことに時間を割り振って生きていくべきなのです。

I　リーダーシップとマネジメント

リーダーシップ

心と関係性のマネジメントについてお話しする前に、リーダーシップとは何か、何をすることなのか、またマネジメントとは何か、何をすることなのかについて説明しておく必要があろうかと思います。しかも、他人に対するリーダーシップやマネジメントではなく、自分自身に対するセルフ・リーダーシップやセルフ・マネジメントとして、その原理原則や基本方策について理解いただきたいのです。

リーダーシップとは、目的と目標を明確に示し、目標を達成するための方向づけを行い、そこに向かって、関係する人々を導いていく行為を言います。論理的には、正しい目標を設定し、目標を達成するために最も効果的で、効率的なやり方を提示し、関係者を引っ張っていくことなのです。しかし、ただ漠然と「目標を明示する」「方向づける」「導く」の三つの行為を遂行するだけでは、リーダーシップは上手く機能しません。リーダー自らの心を動かし、関係する人々の心を動かし、目標を達成するための主体的な行動を生み出さなければなりません。やる気を喚起しなければ動かないのです。

目標は、関係する人々の心が重なり合うものでないと機能しません。シンプルで、分かりやすいものでないと、混乱し、意識の深いところに浸透しません。方向づけ、すなわち基本的方策は、目標を達成するために、最も適したやり方であることが大切です。しかし、それは同時に、関係する人々にとって実行可能なものでなければなりません。また、彼らが努力すれば「できる」と、前向きに感じられるものでなければならないのです。関係する人々の心と行動を導くためには、やはり、彼らの心に訴えかけ、彼らの自発性を促し、共感と共鳴を得て、進める必要があるのです。リーダーシップを機能させるためには、論理だけでは不十分です。人の心を動かす情緒力が必要なのです。

マネジメント

リーダーシップが、主に「なぜ」「何をするのか」といった目的や目標を対象としているのに対して、マネジメントは、主に「どうすれば上手くいくのか」という手段を対象としています。マネジメントとは「上手くやること」なのです。今日よりも明日をより良く生きるために、上手くやることなのです。何かを上手くやるための基本は、「プラン」「ドゥ」「チェック」「アクション」の管理サイクルを廻して、スパイラルアップしていくことです。インプットに対して、アウトプットを大きくすることです。何かをするために費やした「ひと」「もの」「かね」「情報」「時間」以上の価値を生み出すことなのです。そして、何よりも、マネジメントの主体であり、最も重要な対象でもある人間力を発動せしめるために、「関心」「感動」「感謝」の心のサイクルをしっかり廻して、心をマネジメントすることが大切なのです。

自らにリーダーシップを発揮し、自らをマネジメントする

リーダーシップは、リーダーのメンバーに対する働きかけです。マネジメントは、マネージャーの「ひと」「もの」「こと」「かね」「情報」「時間」に対する働きかけです。自分以外の人や物事が対象になっています。

リーダーも、マネージャーも、他人に対して優れたリーダーシップを発揮し、また優れたマネジメントを遂行するためには、まず自分自身に対して、それができなければなりません。自分自身に対してリーダーシップを発揮することをセルフ・リーダーシップ、自分自身をマネジメントすることをセルフ・マネジメントと言います。

私たちは、少なくとも、自分の人生に対して責任をもって生きていくために、自分自身に対してリーダーシップを発揮し、自分自身をマネジメントできなければなりません。自分をよく知り、自

分を信じ、長所を伸ばし、短所を補い、叱って、励まして、目標達成へと自分自身を導くのです。

Ⅱ　心のマネジメント

心を動かす力

すでに「感力（ＥＱ）」の重要性についてお話ししました。感力（ＥＱ）は、心の知能指数とも言われ、自分自身の、そして他人の感情に働きかけ、情熱に火をつけ、モチベーションを高め、持続させ、心を動かす力なのです。

優れたリーダーシップ能力を獲得するためには、この感力（ＥＱ）を高めることが欠かせません。感力（ＥＱ）を構成する要素については、いろいろな見解がありますが、大きく二つの領域に分類することができます。一つは、自分自身を認識し、マネジメントする領域です。もう一つは、他人や社会との関わりについて認識し、マネジメントする領域です。後者については、後述するとして、ここでは、心のマネジメントと題して、自分をよく知り、自分をしっかりとコントロールするための方法についてお話ししたいと思います。

自己認識は正確な自己評価から

感力（ＥＱ）を高めるための出発点は、自分自身をよく認識することです。自分をよく認識するためには、正確な自己評価が必要です。喜怒哀楽といった自分の感情が、どのような行動を引き起こし、どのような影響をもたらすのかについて理解し、認識することが不可欠なのです。正確な自己評価と感情的な行動を認識することは、自分自身に対する信頼、つまり自信を深めることに繋がるのです。

自信に満ち溢れたという表現を聞くと、何だか自信過剰といった印象を受けますが、そうではありません。自信をもつ、自分を信頼するということは、信頼できる限界を知ることなのです。あることについては、自分をここまでは信頼できるけれども、これについては、全く信用できないなど、自分の限界を知ることが自信なのです。例えば、私の場合、経営の改善に関することなら、自分自身に対して全幅の信頼をおいていますが、自分の乗っている自動車の整備に関しては、これっぽっちも自分を信じることができません。プロの整備士さんにお任せするのが一番だと信じています。自分を信頼できることも、信頼できないことも含めて、自分を正しく認識できているということが出発点になるのです。

自らの長所や強みを認識して伸ばす

自分を評価するにあたっては、長所と短所、強みと弱み、向きと不向きの三点について、正しく認識することが大切です。長所と強み、短所と弱みは、基本的には同じですが、別々に自問自答したほうが、答えやすいので、あえて分けているのです。「あなたの長所と短所について教えて下さい」と質問されると、イメージとして、積極的だとか、人づきあいが良いとか、責任感があるといった性格的な要素やスポーツ、音楽、科学といった得意な分野が出てくることが多いのです。自分の良いところとマズイところ、優れたところと至らないところが、長所と短所です。

これに対して、強みと弱みは、「あなたは、どのような分野に、何に、強さを発揮できますか」「あなたの今までの経験はどのようなことに活かせますか」といった質問に対する答えを用意することなのです。「人づきあいが良い」というのは、長所や短所の表現です。「学生時代のクラブ活動や職場における人間関係のトラブルをこのように解決してきた経験をもちます」というのが強みの表現です。長所や短所よりも、経験に基づく、より具体的な行動に言及することが求められているのです。

大事なことは、長所や強みを、しっかりと認識することです。短所や弱みに焦点を当てることも必要ですが、それ以上に、長所や強みに意識を集中することが大切なのです。人は誰しも、長所もあれば、短所もあります。強みもあれば、弱みもあります。長所や強みを伸ばすことが個性を伸ばすることであり、個性を活かすことなのです。短所や弱みを活かして、世の中に貢献するとか、競争に打ち勝つなんて話は聞いたことがありません。長所や強みを活かして、世の中に貢献するのです。

短所や弱みをクローズアップすることは、いたずらに自己否定を招くことになりかねません。自己否定は、より高い目標を受け入れ、その目標の達成に向けて心が動き出した時に効果を顕すのです。叱るという行為も、目標の達成に向けて叱るのであって、目標を受け入れることができていない状況で、いくら叱っても、それは本人を否定していることにしかならないのです。

人がイキイキと活かされ、成長するためには、第一に長所や強みに意識を集中し、自分を肯定的に受け容れられるようにすることが大切なのです。そうして、長所や強みを認識し、それを活かし、伸ばし、育む過程で、必要に迫られ、短所や弱みをコツコツと改善していけばよいのです。長所や強みを伸ばそうとすると、ちょうど、糸の真ん中をもち上げると、他の部分もつられて引き上げられるように、短所や弱みは、長所や強みの伸長に引きずられて改善されていくのです。勿論、意識して取り組まないと、自動的に改善されるものではありませんが、そのくらいのイメージで捉えてちょうど良いということなのです。

向き不向きを認識する。苦手意識を克服する

長所と短所、強みと弱みが認識できたら、向き不向きを認識することも大切です。私の経験則ですが、向き不向きの中に、「ひと志向」「こと志向」「もの志向」という見方があると思うのです。先天的にすべてを兼ね備えている人は少ないと思いますが、ある程度大きな役割を果たそうと思えば、苦手意識を克服していくことが大切です。また、向き不向きは、学習によって克服できるものなのです。

どの志向が強いかは、苦手意識のある志向を消していくことによって明らかになります。本音のところ、関心が薄いと感じる志向を消していけば良いのです。例えば、積極的に人づきあいが嫌いな人もいますが、そこまでいかなくとも、どちらかというと、一人でいることが好きであるとか、本音のところ人づきあいはあまり得意でないといった人がいます。そういう人は、「ひと志向」でないことが多いのです。人づきあいにおいて、そういう苦手意識をもたずに、自然と対応している人が、「ひと志向」である可能性が高いのです。

本音のところ、物事の本質の究明、哲学、論理、システム、仕組みなんて言葉を聞くと逃げ出したくなる人もいます。そういう人は「こと志向」ではない可能性が高いのです。反対に、そういうことが好きな人は「こと志向」の可能性があります。ものより、ライフスタイルや経験、体験を重視する人も「こと志向」が強い可能性があります。

ものにこだわりをもっている人、かたちのあるものをつくったり、機械を触ったり、何かのコレクションに没頭する人は、「もの志向」が強い可能性があります。あまりものに頓着しない人は「もの志向」が弱い可能性があります。

このように志向性を「ひと」「こと」「もの」の三つに分けてみると、自分を含めて、私たちの周りにいる人たちが上手くあてはまると思うのです。自分が向いているなと思う志向を認識して活かすこと、苦手意識のある志向、不向きだと感じる志向を克服していくことが大切なのです。同時に、互いに苦手な志向分野を補完し合うことが大切です。とくに、組織を編成する場合は、組織の目的に応じて、異なる志向性をもつ人々を集め、仕事と人の組み合わせ、人と人の組み合わせを考えた人の配置を実現することが、人的生産性を向上させるいくつかの重要な要素の一つとなるのです。

また、何らかの分野のリーダー、マネージャー、プロフェッショナルの職にある人々、またそういった職業を目指す人々にとって、自分の得意な志向分野を伸ばすだけでなく、苦手な分野を克服することが不可欠です。世の中には、物事の究明や組み立ては得意でも、人づきあいの苦手な技術系の管理職がたくさんいます。人づきあいは抜群だけれども、物事の組み立てが苦手な営業系の管理職もまたたくさんいます。できる経営者や管理職になるためには、先天的にもっている志向性だけでは役割を果たすことができないのです。リーダーやマネージャーの役割遂行に必要な高度な

「ひと志向」と「こと志向」を身につけることが求められるのです。

適切なモノサシと目盛を使って正しく評価する

さて、認識すべき内容は、長所と短所、強みと弱み、向き不向きであることが分かりましたが、正しく評価するとは、どうすることなのでしょうか。正しく評価するためには、モノサシと目盛が必要になります。自分にしか当てはまらないモノサシでは意味がありません。世の中をしっかり見極めて、自分の立ち位置が確認できるモノサシを使わないと意味がありません。また、自分勝手に目盛をつけ、勝手な解釈をすることもよくありません。

親という生き物は、わが子が小さい時には、自分の子どもは天才じゃないかと思う瞬間にたびたび遭遇します。それは、とても可愛らしい小さなモノサシを使って、愛情いっぱいに目盛をつけて、都合の良いように解釈してしまうからなのです。大きな愛情がなせるわざなのです。愛は時折、人を盲目にします。ご飯が食べられる、片言を話せる、自分の足で歩けるといった、当たり前だと思っていることが、とても大切で、偉大なことだから、無意識のうちに、そういうモノサシを使っているのです。それで良いのです。

それが、いつしか、子どもの成長にともなって、わが子が凡人に見えてくるのです。小さな時は天才だったはずなのになんて言い出すのです。運動能力の高い子どもでも、小学生や中学生のモノサシなら、優秀だと評価された子どもが、高校生になり、大学生になり、大人になるにつれ、より高度なモノサシで評価されていきます。そこには、小中学生のレベルに対応するような目盛はありません。

大人の世界、プロフェッショナルの世界も同様です。世界に通用する超一流と呼ばれる人たちのモノサシ、目盛、厳しい自己評価があると思えば、とりあえずおらが村だけで通用すればいいやとか、万年三流でいいやというものもあります。自分の評価に使っているモノサシが、社会全体の中で、どのようなレベルのものなのかをちゃんと知って使うことが、客観的な評価に繋がるのです。

向上心の高い人は、常により高いレベルのモノサシを自分に適応しようと努力します。そして、そのモノサシの目盛が振りきれるや否や、より高次のモノサシを自分に適用します。彼は、彼女は、そうして、客観的に自分の位置づけを知り、成長していくのです。自分の使っているモノサシのレベルを知らず、その最上位の目盛で満足している状況を井の中の蛙と言います。組織のリーダーが、井の中の蛙の状況に浸ってしまうと、リーダー本人は勿論、その組織の成長も奪われることになるのです。

自己評価と他人の評価を突き合わせる

また、自分を正しく評価するためには、自分と他人が、自分について、共通認識できる客観的な見方が必要なのです。それには、自己評価と周囲の評価を重ね合わせる取り組みを欠かすことができません。心理学者のジョハリが考案した「ジョハリの窓」という考え方があります。人間には、自分のことを自分が知っている領域、自分のことを自分が知らない領域、そして自分のことを他人が知っている領域、自分のことを他人が知らない領域の四つの領域があるという考え方です。

四つの領域の中で、自他共に知っている領域が、客観的に正しい評価ができているということになります。また、自他共に知っている領域が大きいほど、自分を自分で理解していると同時に、他人に自分を理解してもらえているということになりますから、客観的評価ということ以上に、豊かな人間関係に恵まれて生きていく上で大切なことなのです。

自分のことも分からない、他人にも理解してもらえないでは、自分が何者か分からないという不幸に苛《さいな》まれることになります。自分では自分のことを分かっているつもりでも、他人に理解してもらえないと、どうせ私なんか誰にも理解されないと、周りを否定する生き方に繋がってしまいます。他人が自分のことを知っていて、自分で分からないと、気持ち悪くて仕方ありません。やはり、自分も他人も共に知っている、理解している、分かっている領域を大きくし、客観的に自分自身を認識することが大切なのです。

客観的に自己評価を行う代表的な方法として、多面評価や三六〇度評価と呼ばれるやり方があります。多面評価は、会社などの組織で実施されることが多いのですが、自己評価と本人と関係する複数の人々の評価を突き合わせて、客観的な評価を得る方法です。本人に対する上司・先輩、部下・後輩、関係する部門の仲間たちといった人々の評価を得て、自己評価と突き合わせることによって、客観的に自分を知り、改善の糸口を発見することができるのです。

多面評価の評価項目は、「自らの果たすべき役割を考え、実行していますか」「相手の立場に立って物事を考えることができますか」「部下からの異論・反論を歓迎する姿勢がありますか」など、通常三〇項目程度の質問で構成されています。各項目に対して、評価を行うのですが、自己評価では良い点数をつけても、周囲の評価が悪い場合もあります。またその反対に、自分ではできていないと感じていても、周囲が評価してくれている場合もあるのです。上司の評価は良いけれども、部下の評価は最悪といった困った人も出てきます。

多面評価においては、自己評価と周囲の評価が一致することが、自他共に、自分のことを分かり合えているということです。評価の不一致は、自分のことを自分で分かっていないのか、周囲に理解してもらえていないのかのどちらかということになります。時々、自己評価においても、周囲の評価においても、分からないという評価が出ることがあります。それは自他共に知らない領域なのです。このように、多面評価は、各々の評価項目について、自己革新に取り組むための課題を提起してくれるだけでなく、自分の良さもマズさも自他共に知っているという状態をつくり上げるための課題を提起してくれるのです。

感情の認識と感情的な行動のコントロール

自分をよく認識するためには、正確な自己評価に加えて、感情的な行動と影響について認識を深め、それらをコントロールすることが必要です。私たち人間は、感情の生き物です。日々、喜怒哀楽を感じて生きています。私たちの感情は、私たちの行動に影響を与え、そして私たちの行動は、私たちの周りに何らかの影響を与えます。ですから、私たちにとって、自分の感情の芽生え、感情が引き起こす行動、そしてその影響を知ることが大切なのです。そして、自分の感情的な行動を、より良い状況に改善することが重要なのです。

物事が上手く運ばずに、イライラしていることがあります。そういう時、私たちが選択してしまいやすい行動があります。例えば、自動車の運転が荒っぽくなることが思い当たります。家族や職場仲間に、つっけんどんな対応になったりすることも考えられます。イライラしていることを自覚していれば、まだ、自分の行動を制御できることもありますが、自覚なしに、乱暴運転や周囲に対するつっけんどんな対応を重ねているとすれば、それはもう恐ろしいことです。まるで、催眠術にかかっている間に、誰かがやった行為のようです。

感情の認識の始まりは、日々の生活の中で、自分の感情に素直に耳を傾ける習慣を身につけることなのです。今の、今日一日の、自分の感情を素直に感じ、ありのまま受け止めることです。嬉しい、腹立たしい、悲しい、楽しい、リラックスしている、いい気分だ、皆が敵に見える、嫉妬している、おおらかな気分だ、妙にハイで躁状態だ、鬱だ、塞ぎこんでいる、やる気満々だ、自信を喪失しているなど、自分の感情を包み隠さず、そのまま感じることが大切なのです。自分の心のままを自分の言葉で呟《つぶや》くのです。

そうして、それらの感情の状態にある時、自分が習慣的にどのような行動をとることが多いのかに意識を集中する癖をつけてほしいのです。自分自身や周囲に対して、良い影響を与える行動をとる場合もあれば、そうでない場合もあります。悪影響を与える行動が多いからといって、感情を押し殺してはいけません。それではロボットと同じです。様々な感情を抱くことは人間らしさであり、人の魅力です。人間として、ごくごく自然なことなのです。時には、憎悪や嫉妬も含めて、自分の感情を素直に告白することが、人間関係を改善する状況もあるのです。

大切なことは、感情を押し殺すのではなく、抱いた感情によって引き起こされる行動をコントロールすることなのです。「自分は今、イライラしているぞ。今、自動車を運転しているのだから、乱暴運転になることが多い。気をつけろ」と自分自身の感情に気づき、その結果発生する行動を制御することなのです。これだけで、アクセルを踏む足が緩み、スピードを落とすきっかけになります。「今日は、いいことがあったので、心ここにあらずの状態になっているぞ。身勝手な発言に気をつけろ。ちゃんと人の話を聴いて、相手の心の動きに注意を払うんだぞ」と、自分を認識し、コントロールするためのメッセージを自分自身に発信するのです。

こういうことを日々繰り返し、習慣にしていくと、感情を押し殺すのではなく、感情的な行動をコントロールできるようになります。人と人との関係においては、時には、感情を露呈した行動をとるほうがいい場合もあります。そのような場合も、感情にまかせて勢いで露呈するのではなく、ひと呼吸おいて、自分を客観視してから感情を発露することで、相手にとって自然に、素直に受け止められる表現ができるようになるのです。そうした時、本当の意味で、大人の感情表現というものが出来上がるのです。

自分との対話を通じて、前向きなエネルギーを生み出す感情を育む

こういうことができてくると、次のステップとして、不穏な感情そのものが出にくいように、前向きで、安定した感情が自分を支配できるように、コントロールできるレベルになってきます。自分自身との対話を通じて、怒りや憎悪といった心のエネルギーをマイナスへと向ける感情そのものを撃退するのです。

「どうして、そんなことでイライラしているんだ。ばからしいと思わないか。冷静になって考えてみろ。イライラしても何もいいことなんかないぞ。さあ、深呼吸して心を静めろ」と、心の中で自分と対話するのです。これも繰り返し習慣化していくと、自分との対話を通じて、心が静まり、イライラそのものを撃退することができるようになるのです。

後ろ向きなエネルギーを増幅させる不穏な感情を言語化し、その感情と同期した言葉を撃退することで、不穏な感情そのものを静めることができます。反対に、前向きなエネルギーを増幅させる快い感情を言語化し、その感情と同期した言葉を自らに発し、受け止めることで、快い感情を増幅させることができるのです。感情をコントロールすることで、後ろ向きなエネルギーを抑制し、前向きなエネルギーが発動する状態を生み出すことができるのです。

自分と対話する時の極意

自分の心に問いかける時、自分の心と対話する時、心理学で用いる交流分析の考え方が効果的です。他人との心のコミュニケーションに役立つ方法で、詳細は後述しますが、自分自身との対話においても有効です。

私たちの心の中には、厳格な父親、優しい母親、冷静な判断をする大人、無邪気な子ども、服従する子どもといった五つの人格が備わっています。老若男女を問わず、すべての人に存在するのです。自分の心が、無邪気な子どもの状況にある時、例えば、友人と大騒ぎをして遊んでいる時です。そんな状況に、もう一人の自分が入っていくためには、無邪気な子どもの心を発動しないと入っていけません。そこで、大騒ぎが度を超えて近所迷惑に発展して、それを止めなければなりません。この時、無邪気な子どもの心で対応していては、もう一人の無邪気な子どもの心は止まりません。

そこで、他の四つの人格の誰かを動員する必要があります。少々の騒ぎだと、優しい母親の心がちょうどいいかもしれません。しかし、度を超えて許容できない状況になると、厳格な父親の心を登場させる必要があります。「他人の迷惑になることはならぬ。ならぬものはならぬ」と厳しい父親の心が言って聞かせることが良いのです。無邪気な子どもの心で入って、もう一人の自分と握手し、無邪気な心への理解を示しつつ、厳しい父親の心で、迷惑になる行為を制することが良いのです。冷静な判断は、無邪気な子どもたちに蹴飛ばされてしまいます。度を超えている状況であれば、優しい母親の心では、付け上がってしまいます。服従する子どもの心だと、引きずり込まれてしまいます。

自分と自分を対峙させる時、自分が前述のどの人格の状態にあるのかを認識することが重要です。その上で、もう一人の自分が、どういう人格で対応すると、反感をもたずに、もう一人の自分の意見を素直に受け入れられるかを試行錯誤することが大切なのです。先の例で、無邪気に遊んでいる子どもの心を想定して下さい。そして、自分は知らず知らずのうちに、他人に迷惑をかけていたのです。「楽しそうだね。私も仲間に入れてほしいくらいだよ。でもね、そんなに大声を出されたんじゃ、お隣のおばあちゃんが寝られないじゃないか。もう少し小さな声で遊ぶんだよ。分かったね」っと、自分自身に対して呟いてみて下さい。厳格な父親、優しい母親、冷静な判断をする大人、無邪気な子ども、服従する子どもといった五つの人格のうち、どの人格になった気持ちで話すと一番効果的でしょうか。感じてみて下さい。自分自身との心のコミュニケーションを成功させるためにも、自分自身との対話の中で、五つの人格を上手く使い分けて、ギアチェンジすることが必要なのです。

また、自分に対する自らの助言を素直に受け入れてもらうためには、許容できない行動とその影響をしっかりと伝えなければなりません。その上で、解決策、改善案を提示すると良いのです。相手が他人の場合も全く同じです。そうしないと、なかなか素直に受け入れられないのです。結果として、なかなか改善することができないのです。先ほどの事例にも、許容できない行動として「大声」、その影響として「隣のおばあちゃんが寝られない」を伝えています。その上で「小さな声」を提案しているのです。たとえ厳格な父親の心であっても、「ばかやろう。静かにしろ」では、その場を抑え込むだけで、子どもたちの心を動かし、根本的な解決を実現するには至りません。ましてや自分自身との対話となれば、「ばかやろう。静かにしろ」では馬耳東風。何の効果もないでしょう。

心のマネジメント

自己評価と自分の感情的な行動について正しい認識ができれば、具体的に自分自身をマネジメントする行動に移すことです。感情的な行動の認識のところでもお話ししたように、日々の生活の中で意識し、自分としっかり対話する習慣を身につけ、自分自身の感情や行動をより良く変えていくことが成功の鍵となるのです。

自分自身に対する認識を深め、自分自身の育成に取り組むためには、まず、一度あらたまって自己評価する機会を設けることが大切です。自分の長所や短所、強みや弱みの棚卸を行い、自分の感情的な行動の特徴を把握するのです。企業や何らかの組織に属していて、機会があれば先ほど紹介した多面評価を活用すると良いでしょう。

あらたまって自己評価に取り組む際には、自己認識、成長目標、そして目標を達成するための計画を紙に書き出して、まとめることが大切です。紙に書いて、自分の目でしっかり確かめて、口に出して言ってみて、それをまた自分の耳で聞くことによって、目標や計画の内容、そして達成する強い気持ちが、意識の深いところに浸透していくからです。

自分の長所や強さを伸ばし、何かに活かすこと。克服すべき短所や弱さを改善し、何かをする時の足を引っ張らないようにすること。感情的な行動をコントロールすること。マイナスのエネルギーを生み出す感情を静め、プラスのエネルギーを生み出す感情を育むこと。これら重要な課題を、何気ない日常を通じて、解決していくのです。日々の生活の様々な場面で、意識し、自らと対話し、自らの感情に気づき、感情の結果生まれる行為をコントロールし、長所や強さを具体的に活かす機会を探求し、獲得し、実践するのです。すべては、生きるという実践の中で訓練することで身につくものです。教室に座って、教えてもらって、学べる性質のものではないのです。

感情的な行動のコントロールは、感情が芽生えた瞬間に意識し、次の行動を起こす前に、一呼吸おいて考えることで高められるのです。積極性という要素を伸ばすためには、積極的な行動を何度も経験し、成功体験として身体に叩き込むしかないのです。経験を積み重ね、スパイラルアップしていくというトレーニングが必要なのです。

何気ない日常を通じて、心のマネジメントを成功させるために実践すべきことがあります。それは、以下の四つの取り組みです。

① プラスのエネルギーを引き出す言葉を使って、自分と対話すること
② 長所や強みが、誰に、何に役立つかを常に意識すること
③ 心のエネルギーを行動に移すコンディションをつくること
④ 習慣化するために意識しやすい環境をつくること

プラスのエネルギーを引き出す言葉を使って、自分と対話すること

まず、常日頃からプラスのエネルギーを引き出す言葉を使うことです。否定的な言葉は自己否定的な感情を生み出し、マイナスのエネルギーを発動してしまいます。反対に肯定的な言葉や人を受

容する言葉は、前向きで快い感情を生み出し、プラスのエネルギーを発動するのです。

できない、安心できない、愛されるに値しない、弱い、無知だ、意地が悪い、バカだ、のろまだ、失敗する、何をやってもダメだ、劣るなど、否定的な言葉は、私たちの心のエネルギーを奪い去っていきます。

できる、安心感がある、愛されている、良い人間だ、生きている価値がある、正しい、強い、楽しい、美しい、役に立つ、優れている、上手くいくなど、肯定的で人を受容する言葉は、私たちの心のエネルギーを前に向かって増幅させます。

私たちは、注意しないと、日常的に否定的な言葉をたくさん使っています。文句ばかり言っています。自分の発する言葉に注意して耳を傾ける習慣をもちたいものです。そうすることで、否定的な言葉よりも、はるかに多くの肯定的な言葉を使う自分を目指すのです。「できない」という言葉は、「どうすればできるか」に置き換えて、自分自身と対話するのです。「自分は何をやってもだめだ」と思うのを止め、「どうすれば、自分が何かを上手くできるようになるのか」に置き換えて、自分自身と対話するのです。弱いところばかりに焦点を当てることを止めて、強いところに意識を向けるのです。

言葉は、私たちの心を変える力をもっています。自分自身に対して、他人に対して、発する言葉をポジティブに変えていくことを意識する習慣をもつことが、私たちの心のエネルギーを増幅させる秘訣なのです。

長所や強みが、誰に、何に役立つかを常に意識すること

次に、長所や強みが、誰に、何に役立つかを常に意識することです。強さとか、長所は、活かされないと意味がないのです。活かされてさらに強くなり、また伸びるのです。宝の持ち腐れでは、サビついてしまいます。常に活かす対象を探求する態度や姿勢が大事なのです。新聞を読んでいる時、テレビを見ている時、買い物をしている時、どこかに出掛けた時、家族と団欒《だんらん》している時、お客様と話をしている時、様々な生活の場面、仕事の場面で、自分の長所や強みを役立てることを考えて行動することが大切なのです。

心のエネルギーを行動に移すコンディションをつくること

三つ目は、心のエネルギーを行動に移すコンディションをつくることです。ヨガや気功、整体をご存知の方は理解が早いと思いますが、心のエネルギーを行動に移すためには、気の流れを整える必要があるのです。

心と気は異なります。心とは人間の知識・感情・意思の総体であり、肉体以外の精神的な活動のすべてを指します。それに対して気とは、生命力の源なのです。広辞苑においても、「気」は「天地間を満たし、宇宙を構成する基本と考えられるもの。また、その動き」「生命の原動力となる勢い。活力の源」などと解説されています。

心、すなわち知識・感情・意思の総体に変化が生じても、生命の原動力の根源となる気の流れが澱んでいると、心の力が思うように行動力へと現われてきません。気の力を整える必要があるのです。気の流れを整えることで、心のエネルギーは肉体へと、行動へと伝導していくのです。

気が、生命の原動力となる勢いであるといっても、今一つ理解できない人が多いのではないかと思います。元気を出す、活気づく、気配を感じる、気が合う、気合いを入れるなど、私たちは日常的な会話の中で、気という言葉を使いますが、どうすれば心で気をコントロールできるのでしょうか。

気は、物質ではありませんから、見ることも、触ることもできません。感じることしかできないのです。感じるといっても、五感で感じることもできませんから、やはり気は気で感じるしかないのです。気を感じるというのは、まさに陽気、陰気、殺気、雰囲気、気配などを感じるという状況がピッタリと当てはまります。気とは、生命力の源となる勢いであり、人間の身体をいくら解剖しても生命《いのち》が見つからないように、感じることはできるけれど、見えないものなのです。

気、すなわち生命力の原動力となる勢いは、呼吸、すなわち息を吸い込んで吐くことを通じて感じることができます。整体に合掌行気法という呼吸法があります。気の流れを意識した呼吸法だと考えていただくと、分かりやすいと思います。その方法は、まず合掌して、指から手のひらへと吸い込むイメージで息を吸いこんで、また手のひらに吐きます。目を閉じて、手のひらに意識を集中し、無心になって、何度か繰り返しているうちに、だんだんと手のひらが温かく、熱くなってきます。これが気なのです。少し慣れてくると、手のひらの間隔を三センチとか五センチとかあけて、同様に行います。すると、右手と左手の間にできた空間に熱い磁場のようなものを感じます。これが気であり、勢いなのです。気の勢いが増すごとに、熱く力強くなるのを感じるのです。

この気の流れを意識した呼吸法を行うことによって、身体の中の勢いを増す効果が現れます。気の流れを意識した呼吸法には様々なやり方がありますが、私が実践している方法は、足の裏から脚を通して、丹田まで息を吸い込む動作と、後頭部から首、背骨、腰まで通して、丹田まで息を吸い込む動作を同時に行い、これを繰り返す方法です。いずれも丹田まで吸い込むと、その後は意識せずに息を吐きます。目を閉じ、ゆっくりと大きな呼吸を心がけます。丹田とは、武道を経験された方はご存知と思いますが、臍下指三本ぐらいのところにある身体の中心で、ここにエネルギーが集まらないと、精神も肉体もよいコンディションを保つことができない重要な場所です。集中力のない人も、丹田に力が集まっていない状態なのです。昔から「下っ腹に力を入れろ」ということが言われます。これは丹田に力を、意識を集中させ、丹田を中心に動作をしなさいという意味なのです。

ゆっくりとした大きな呼吸をすることによって、自律神経が整い、心と身体のアンバランスな状態が解消されます。自律神経が整うことによって、免疫力、自然治癒力、生命力が高まっていくのです。また、ゆっくりとした大きな呼吸を行うことで、空気や宇宙との一体感を感じることができ、心理的な幸福感を得られる効果もあるのです。

目を閉じて、背筋をまっすぐに伸ばし、肩の力を抜き、朗らかな表情を意識し、丹田を意識した呼吸法を行うことで、気の勢いを高め、生命力を高め、心のエネルギーが行動へと発揮する良いコンディションを生み出すことができるのです。日々の日課に組み込まれることを、是非お勧めしたいと思います。

さて、これら三つの行動が三日坊主で終わっては効果が生まれません。やはり習慣化することが大切なのです。ダイエットと同じです。思い出したように、ご飯の量を減らしたり、たまに運動しただけでは効果が出ません。日々の積み重ねが大切なのです。

習慣化するために意識しやすい環境をつくること

そこで、習慣化するために、心のマネジメントを成功させる四つ目の取り組みである意識しやすい環境をつくることが大切なのです。それには、まず「見える化」することです。いやがおうにも視界に入ってくる状況をつくることです。毎日必ず見る手帳に書いておくとか、紙に書いて必ず毎日視界に入る壁に貼るといった手段です。また「日課」をつくり、その進捗を確認するといった方法も効果的です。毎日決めてすることは、「今日一日の中で記憶に残る感情的な行動とその影響」「長所や強みを活かせたなと感じたこと」「今日一日の中で感謝したいこと」の三つを振り返り、評価し、反省し、また明日頑張ろうと意識するだけでいいのです。意識したことをメモに書き残すとさらに効果的です。それに、「背骨と丹田を意識した深呼吸」の日々実践を加えれば良いのです。

毎日やると決めたけれども、続かないから、止めてしまうといったことがないようにしていただきたいのです。また、昨日やらなかった分を取り返すんだと、次の日にしゃかりきになってやるのもよくありません。昨日できなかったことを反省して、その分を取り戻そうとすると、今日、そして明日が憂鬱になります。その結果、続かないことになります。昨日できなかったことは、すぱっと割り切って、どうすれば今日できるか、明日できるか、前向きな気持ちでスケジューリングしていくことが大切なのです。

「今日一日の中で感謝したいこと」を想う

毎日決めてすることの中でも、「今日一日の中で感謝したいこと」を振り返り、想うことは、今、自分が存在することを実感し、幸せであると感じられる自分をつくる上で大切な日課です。日頃、当たり前のように思っていること、とても小さな親切、そのようなことに感謝することができると、決して経済的に豊かでなくとも、たくさんの不足があっても、生きていることが幸せに感じられるものなのです。そうすると、不思議なもので、自分に対しても、他人に対しても、優しくなれるのです。多くの物事を、多くの人々を、勿論自分を、受け入れられるようになるのです。

不平不満の毎日からは、プラスのエネルギーは生まれません。単なる不平不満ではなく、反骨精神からプラスのエネルギーが生まれることもありますが、このようなかたちのエネルギーは、擦り切れてしまったり、息切れしてしまったりすることが多いのです。感謝の心からは、新しい関心、感動が生まれ、プラスのエネルギーの循環が起こります。感謝のないところに、幸せな人生はありません。感謝の心があるところに、幸せな人生を送るためのエネルギーが生まれるのです。

Ⅲ　人間関係のマネジメント

関係性をマネジメントする二つの領域

関係性をマネジメントする領域は二つあります。一つは因果関係、もう一つは人間関係です。因果関係については後述するとして、ここでは人間関係のマネジメントの基本と進め方についてお話しします。

人間関係の基本的な心構え

人間関係の基本は「I am OK, You are OK（私はＯＫだ。他の人もＯＫだ）」、つまり自他肯定の心構えにあります。愛している、愛されている、安心できる、良い人間だ、生きている価値がある、正しい、強い、美しい、優れている、役に立つ、できる、楽しいなどは、「ＯＫだ」という心構えを表す言葉です。

一方、愛されるに値しない、安心できない、悪い人間だ、価値がない、間違っている、弱い、醜い、何をやってもダメだ、役に立たない、できない、楽しくないなどは、「ＯＫでない」という心構えを表す言葉です。「ＯＫだ」ということは、互いに相手の存在を受け容れることなのです。「ＯＫだ」「ＯＫでない」という分け方からすると、人間関係の基本的な心構えとして、「自他肯定型」「自己肯定・他者否定型」「自己否定・他者肯定型」「自他否定型」の四つのパターンが存在します。

自他肯定型の心構えとは、「I am OK, You are OK（私はＯＫだ。他の人もＯＫだ）」の状態です。人間関係の理想的な心構えなのです。自己を肯定するということは、長所も短所も、好きなところも嫌いなところも、すべて含めて自分をあるがままに受け容れることができるということです。他人を肯定するということもまた同様に、他人の人格のすべてを受け容れることができるということです。良いところは良いところなりに、嫌いなところは嫌いなところなりに、あるがままに受け容れるということなのです。この心構えで生きる人は、極端に自分を蔑んだり、顕示したりすることがありません。また、他人をこき下ろしたり、もち上げたりすることもありません。他人と自分の間にあるシーソーのバランスがとれて、とても安定した状態にあるのです。

ですから、自他肯定型の構えをもつ人は、共感や相互理解に支えられた温かな関係をつくることができるのです。相手を尊重し、互いに相手を気遣う関係です。自分の利益のために他人を支配したり、利用したりするような関係を良しとしません。また、見せかけの関係を維持するために多くのエネルギーを費やす必要もないのです。

自己肯定・他者否定型の心構えは、「I am OK, You are not OK（私はＯＫだ。他の人はＯＫでない）」、つまり自分を受容できても、他人を受け容れることができない状態なのです。ですから、自分に合わない人間を排除しようとする傾向が強くなるのです。この構えの人は、自信があるのは良いのですが、良好な人間関係の構築を阻害するいくつかの問題を生み出してしまうのです。

自分を過剰に肯定し、過信することから、他人を見る目が著しく厳しくなることがあります。何か悪いことが起こると、他人のせいにする傾向も見られます。また、相手は自分の思うように動くべきだ、動くはずだという考えに陥りやすく、そのような考え方や言動が周囲との摩擦を生み出してしまいます。相手をばかにした態度、押しつけがましい態度、長所よりも欠点を指摘する癖など、相手をＯＫでないと見做している気持ちが態度に出てしまい、良好な人間関係の構築に支障をきたすことがあるのです。

自己否定・他者肯定型は、「I am not OK, You are OK（私はＯＫでない。他の人はＯＫだ）」、つまり自分で自分を受け容れることができないために、他人を過剰に受け容れてしまう状態なのです。この構えをとる人は、強い劣等感に苛まれているが故に、他人が皆、偉く感じられるのです。その結果、他人と親しくなるのを避けて孤立してしまったり、憂鬱になったりと、なかなか親密な人間関係をつくることができないのです。この構えの人は、自分自身の存在性を確認するために、積極的に人間関係構築を阻害する行動に出ることがあります。例えば、怒りやイライラなど、他人の不快な感情を挑発し、自分がＯＫでないことを相手に確認させる行動をとることによって、自分の存在を確認することがあります。また、自分の安心を得る手段として、権威や支配力のある人に頼ろうとする場合もあるのです。

自他否定型は、「I am not OK, You are not OK（私はＯＫでない。他の人もＯＫでない）」、つまり自分も他人も受け容れることができない状態なのです。自分とも、他人とも関わることができない状況では、生きている価値がありません。この心構えの人は、周囲の愛情や関心を拒絶し、自分のカラに閉じこもってしまい、他人と関わることを止めてしまうことがあります。また自他否定型の人の中には、愛されたいという欲求が非常に強いために、相手が自分を愛してくれているのかどうかを、いつも確認していないと安心できないという特徴があります。しかし、他人との関わり方が未熟であるために、かえって相手を遠ざけてしまう結果を招くようなことばかりをしてしまい、ますます周囲を否定する心が強くなることがあるのです。

現実の世界では、理想的な人間関係の型、すなわち自他肯定型に到達し、かつその状態を持続している人は、そう多くはないのです。圧倒的に多くの人々が、自己否定・他者肯定と自己肯定・他者否定のはざまで、ぎっこん、ばったんと行き来しているのです。中には、自他否定の泥沼に落ち込んで、もがき苦しんでいる人もいます。

私たちが、幸せな人間関係を手に入れるためには、今がどのような状態であれ、まず自他肯定型の自分を目指すのだと心に誓うことです。コミュニケーションの技術やノウハウで繕っても、自分の心を騙すことはできません。心は正直なのです。

自他肯定型の自分づくりを成功させるために

自他肯定型の自分づくりを成功させるための三つのコツがあります。

① 自分から変わる
② 長所や強みを見る
③ 自分の認識を伝える

これら三つのコツをしっかり押さえて、日々、意識することが肝要です。

他人を変えることはできないのです。つき合う相手を変えるなど、環境を変えることはできますが、それでも状況が変わることはありません。同じことの繰り返しなのです。自分から変わる決意をすることが、自己肯定型の自分づくりにとって、一番大切なことなのです。

自分から変わるのだという決意ができれば、次に、自分の周りにいる人々の良いところ、強いところ、チャーミングなところを探します。同様に、自分の長所・強み・チャームポイントの発見に挑戦します。自他肯定の基本は、自分を、そして他人を受け容れることですから、それぞれの受け容れやすいところ、素直に誉め称えられるところ、尊敬できるところ、魅力的なところ、親近感を抱けるところを探すことが近道なのです。

人が、恋愛をしている時、相手の良いところしか見えないことがあります。短所や嫌いなところまで好きになってしまうこともあります。ところが、二人の仲が冷え切ったら、今度は、互いの短所や嫌いなところが気になって仕方なくなります。あげくの果てに相手の長所までも、否定したくなるものです。

ですから、自分を、そして他人を受け容れられる自分をつくるためには、まず、他人の良いところ、魅力的なところをしっかり見つける努力をすることが大切なのです。全く魅力のない人間なんていません。上手く話せなくても、しっかりとした考えをもっているかもしれません。容姿がいま一つでも、心優しい人かもしれません。意地悪な人に見えても、実はさみしがり屋で守ってあげたくなる可愛らしさをもっている人かもしれません。好きになれるところを、しっかり見つけることが大切なのです。

それができたら、自分の自分に対する認識、相手に対する認識を伝えるという行為に挑戦するのです。人間関係の構築が苦手な人にとっては、ここで一気にハードルが高くなったように感じるかもしれません。何しろ、自分と、そして他人と、関わらなければなりませんから。自分に対して、「君は思いやりがあるね」とか「誠実さでは誰にも負けないだろうね」とか、話しかけないといけないのです。そして、私たちの周囲にいる誰かに、「そんなことできるなんてスゴイですね」とか、「笑顔がとても素敵ですね」とか、何か、相手の長所、強さ、魅力について、話しかけないといけないのです。

少し勇気が必要です。自分と対話することも、他人と対話することも、勇気がいることです。失敗したらどうしよう。嫌われたらどうしよう。関係がもっと悪化したらどうしようと思い悩むことでしょう。

しかし、心配ありません。まずは、口に出さないで、心の中で何度か呟いて下さい。そして、それが自分の本心、心の底からの言葉かどうか確信できるまで、口に出さずに、呟いていて下さい。

あなたの気持ちが確信となった時、あなたは、相手にその言葉を贈りたくなるものです。言葉のプレゼントができるなんて最高ではありませんか。

歯の浮くようなお世辞はいけません。しかし、本心から出た讃辞の言葉に対して、不快感を示す人間がいるでしょうか。本心から、自分の良いところや強いところ、魅力的なところを指摘され、誉め称えられて、悪い気がする人がいるでしょうか。勿論、照れくさかったり、間が悪かったり、表現が上手くないために、上手く伝わらないこともあります。それでも、心からの言葉であることさえ伝われば、相手に対するプラスの気持ちが、マイナスとなって受け止められることはないのです。どうしても言葉にできないのなら、それでも大丈夫です。きっとあなたが話そうとする言葉は、あなたの表情や態度を通じて、相手に伝わります。勇気をもって、自他肯定型の自分づくりを成功させるための三つのコツを実践していただきたいと思います。

最近は「Win-Win」という言葉が使われることが多くなっています。「I am OK, You are OK」と同義だと思っている人もおられるかもしれませんが、根本的な考え方が全く違うのです。「Give & Take」という概念は存在しますが、そもそも「Win-Win」なんてあり得ません。勝者がいれば、必ず敗者がいるのです。誰もが、ある時は勝者となり、またある時は敗者となる可能性をもっているのです。

勝者の敗者に対する慈悲の心、強者の弱者に対する寛容な心が存在し、それが行為となって現れる時、そこには勝者と敗者の間に、「I am OK, You are OK」の関係を構築することができるのです。勝者と敗者、強者と弱者が、互いに活かし合い、共生することのできる環境が生まれるのです。

コミュニケーションの基本となるスキル

人間関係の基本的な心構えについてお話ししてきました。良好な人間関係を構築するためには、まず、自他肯定型の自分づくりを実践することが基本です。自他肯定型の自分づくりを通じて、お互いの人間尊重という基礎を構築し、その上に、人間関係を育む上で不可欠なコミュニケーションについて学び、基本となるスキルを身につけていただきたいのです。

私の定義では、「人と人が、お互いに、相手が好ましい行動を起こせるように、影響を与え合うこと」をコミュニケーションと言います。コミュニケーションは、一方通行では成立しません。必ず双方向なのです。結果的に好ましくない影響を与えてしまうことをミス・コミュニケーションと言い、私たちは日常生活の中で、数多くのコミュニケーションに失敗しつつ生きています。それでも、好ましくない影響を意図するものであってはなりません。相手だけでなく、自分自身に対しても、良い影響を与えられるように関係することがコミュニケーションなのです。

コミュニケーションの手段は聞く、話す、読む、書くという行為だけで構成されるものではありません。態度や姿勢、動作、表情、アイコンタクトといったことを含めてコミュニケーションなのです。また、人間の頭脳を研究すると分かるのですが、人間は本能、感情、理性と様々な側面をもっており、日常のコミュニケーションにおいて、必ずしも理性と理性で会話しているわけではないのです。一方は感情で、他方は本能を剥《む》き出しにしている場合もあります。感情的になっている人に対して、論理を振りかざしていることもあります。本能、感情、理性という三つの側面のうち、相手が今、どの側面でコミュニケーションしているのかを感じ、対応することは、コミュニケーションを成功に導く技術の一つなのです。

ここでは、コミュニケーションを成功に導くための基本となるスキルとして、ライフ・ライン・チャート、交流分析、パッシブ・リスニング（受動的傾聴法）、アクティブ・リスニング（積極的傾聴法）、自己メッセージの五つの技法を紹介します。ライフ・ライン・チャートは、自分自身との心の対話を通じて、自分が何者なのか、自分にとって幸せとは何なのか、大切な価値観とはどのようなものかを鮮明に描き出してくれます。交流分析は、自分と相手の心の状態を理解し、感じることで、豊かなコミュニケーションを育む方法を提供してくれます。パッシブ・リスニング（受動的傾聴法）とアクティブ・リスニング（積極的傾聴法）は良い聴き方の基本を、自己メッセージは良い話し方の基本を提供してくれます。

ライフ・ライン・チャート――自らの人生を受容する

ライフ・ライン・チャートは、自分自身との強烈なコミュニケーションを実現する方法です。最近では、NHKの「The女子力」という番組でも、女子力グラフという名前で親しみやすくして活用されています。幾多の経験を積み重ねてきた人々にとって、涙なしにこのチャートを描き上げることはできません。使用する道具は真っ白な紙一枚とペンだけです。真っ白な紙の縦軸は幸せの軸です。横軸は生まれた時からの時間軸です。始める前に、真っ白な紙の真ん中に横線を一本引き、線の左端に「0」と書き入れます。そして、横線の上の部分の左端に「+（プラス）」、線の下の部分の左端に「−（マイナス）」と書きます。横線を境に、上部は幸せレベルがプラス、下部は幸せレベルがマイナスの領域です。目盛はありませんから、幸せレベルの大きさや時間軸の目盛の取り方は自分で決めるのです。

この紙の上に、左から右、人生の始まりから今日に向けて、自分の人生の幸せのレベルを、一本の線で表現していきます。通常、線は折れ線グラフのようになります。いくつかの山の頂《いただき》と、いくつかの谷底で構成される線になることが多いのです。しかし、そのかたちは様々です。時には屈折点がほとんどない直線になる人もいます。人の数だけ、異なるかたちの線が描かれるのです。

線を引くためには、最初の一点を決めなければなりません。その一点を決めることは、自分がこの世に生まれた時の幸せのレベルを決めることになるのです。この世に生まれた時が、今までの人生の中で最高だと感じている人は、用紙の左上のほうに、あまり幸せでなかったと感じている人は左下のほうに、多くの人は左側の真ん中あたりに一点を決めることでしょう。

この一点を決めるという行為が人生のスタートです。一点がなかなか定まりません。なかなか決まらない人は、とにかく「0」、横線上に一点を置いて始めます。最初の一点が決まったら、次にペンをどの方向へ走らせるのか、じっとペン先を見つめて、自らの過去をたどります。生まれた時から始めて、自分の人生に大きな影響を与えた何かがあった年齢が次の一点となります。その一点が山頂になる場合もあれば、谷底になる場合もあります。そうして、決意したようにある方向へとペンを動かします。過去の記憶と感情が、走馬灯のように駆け巡ります。忘れかけていた記憶を呼び起こすこともあります。

生まれた時の幸せレベルを出発点に、今日まで、一本の線は、何度か上下に波打ちます。山の頂や谷の底にペンを運ぶ時、様々な感情が溢れ出ます。感情を抑えることができなくて、とめどなく涙が流れ落ちることもあります。山の頂と谷の底には、自分の人生にとって大切な何かがあるのです。それが何かに気づいた時、自分の人生にとって、本当に大切なことに気づくことができるのです。そうして、自分の人生を受容することができるのです。

ライフ・ライン・チャートは、自分の人生にとって大切なことを深く認識し、自分の人生を受容し、自分の人生を引き受ける心を準備するためのコミュニケーションを実現することに役立つのです。

交流分析

次に交流分析についてお話しします。交流分析は、フロイトの精神力動論をベースに、アメリカの精神科医のエリック・バーンが提唱した方法です。TA（Transactional Analysis）とも呼ばれています。

交流分析では、人はすべて、大きく分けると三つの心の状態をもつとしており、これを自我状態と呼んでいます。老若男女を問わず、すべての人に「親（Parent：ペアレント）」「大人（Adult：アダルト）」「子ども（Child：チャイルド）」の三つの自我状態が備わっているという考え方です。大人にも子どもの心が、子どもにも親の心が、ちゃんと備わっているのです。

親の自我状態とは、自分の父親、母親、あるいは両親以外の自分を育ててくれた人々の考えや行動、感じ方を取り入れた部分で、理想・威厳・道徳・支配・命令などの厳しい「父親の心（CP：Critical Parent）」と、いたわり・慰め・保護・同情などの優しい「母親の心（NP：Nurture Parent）」で構成されています。

父親の心や母親の心は、子どもの中にもあります。例えば、お父さんが食事中にテレビに夢中になっている時、子どもが「食事中にテレビに夢中になるのはよくないよ」と注意したとします。それは子どもの中にあるＣＰ（父親の心）が発動しているのです。また、お母さんが疲れた様子でいると、子どもが「お母さん、大丈夫？」などと声をかけるのは、ＮＰ（母親の心）が出ているのです。

大人の自我状態、「大人の心」（Ａ：Adult）は、私たちの人格の中で、物事を冷静に判断するコンピュータのような働きをする部分で、損得勘定や現実性に順応している心なのです。現実をよく観察して、言って良いことと悪いこと、して良いこと悪いことを判断する心なのです。

子どもにも大人の心はあります。人の顔色を見て行動するのは大人の心です。親や先生の前では、いい子を演じるのも大人の心が発動された状態なのです。買い物をする時に、どっちが得かよく考えて比較購買するのも大人の心がそうさせるのです。

子どもの頃から、親に甘やかされて育った人は、大人の心の発育不足になりがちで、自分で判断する力に欠けることが多いのです。大人の心が欠落すると、周囲から、お人好しとか、いい年齢をしてなどといった評価を得ることになります。反対に、大人の心が出過ぎる人は、温かみのない人だとか、冷たい人などと見られがちです。大人の自我状態はバランスが大切なのです。

子どもの自我状態とは、自分の子どもの頃と同じように、感じ、考え、行動している部分で、明るく、無邪気で、自由奔放な「自由な子どもの心」（ＦＣ：Free Child）と、ルール・しつけ・命令・権威などに服従する「順応した子どもの心」（ＡＣ：Adapted Child）で構成されています。

自由な子どもの心があるから、冗談も言い合えるし、遊びも楽しめるし、仲間と飲むお酒もおいしいのです。自由な子どもの心が出やすい人は、いくつになっても子どもの心をもっている人だといった評価を得ていることが多いのです。反対に、自由な子どもの心が欠如している人は、まるで年寄りのように見られることが多いのです。

一方、順応した子どもの心が出やすい人は、一般に、反抗することがない良い子として見られ、目上の人に可愛がられることも多いのです。それ故に、ノーと言えない自分に悩み苦しむことがあるのです。反対に、順応した子どもの心が欠落すると、身勝手、わがまま、頑固者、反逆児になってしまう可能性があります。これもバランスが大切なのです。

三つの自我状態についてお話ししました。望ましい自我の状態とは、三つの自我状態のバランスがとれていて、様々な状況に応じて、特別に意識することなく、適切な自我状態で対応できる状況を言います。今は厳格な父親の心で対応するのがよいのか、自由な子どもの心で対応することがよいのか、それとも冷静な大人の心がよいのかと、その状況に最も適した自我状態へと、上手く、自然にチェンジできるようになれば理想的なのです。しかし、私たちには、それぞれ性格があり、出やすい自我状態というものをもっています。現実には、なかなか上手くいかないものです。

例えば、親心ばかりが出てしまい、大人の心や子どもの心が出にくいタイプの人は、人からは、その頼りになるところ、面倒見の良いところを、頼もしく、また快く思われています。ところが、その半面、一緒に冗談を言い合ったり、遊んだりする相手としては、二の足を踏んでしまう相手だと思われてしまいがちなのです。部下や後輩、また同僚が、親心を求めてきている時に親心で対応するのはよいのですが、お酒の席で説教されては、たまりません。そういう時には、同じように、子どもの心を出すほうが良いのです。

このように、親心が勝ち過ぎる人も困りますが、全くというほど、肝心なところで親心を出さない人も困ります。リーダーと呼ばれる人たちの中には、自分の部下やチームの功績を、わがもの顔に語る人がいます。親心が足りないのです。これでは、部下がついてこなくなるのも当然です。学級崩壊を招く教師も同様です。親心が欠如しているのです。親心が欠如しているから、生徒が言うことを聞かないのです。学校どころか、家庭でも同じことが起きています。

親の心、子どもの心、人と人の絆を結ぶ心を出すことが苦手で、損得勘定に関しては抜群に速い人がいます。いつも合理的で、あまり冗談も言わず、皆が楽しんでいる時でもあまり楽しめない人です。大人の心が過剰なのです。こういった人は、周囲に警戒されますし、心を開いてもらえません。従って、なかなか親友もできません。

しかし、親の心も、子どもの心も、場の状況によって上手く出せる人が、大人の心をもしっかりもっていると、こういう人には、人が集まってくるものです。親しみがあって、子どもの心で接することもでき、しかもここという時には、大人の心で判断するのですから、親しみのある頼れる人物として、周囲に受け入れられるのです。

三つの自我の状態について、バランスを保ち、適切な自我を出せるようにするためには、まず自分の自我の状態を知ることが出発点となります。自我状態を知る分析法にエゴグラムという方法があります。エゴグラムとは、〝自我（エゴ）状態のグラフ〟という意味です。つまり、あなたの心の五つの自我状態が、それぞれどの程度の強さをもっているかを、五〇問程度の質問を通じて調査し、それをグラフに表したものがエゴグラムなのです。

グラフの五つの項目が、五つの自我状態を表し、その項目の点数が高いと、その心の状態が強い反応を示す性格であると診ます。グラフから自我状態の強弱と性格の傾向を知ることができるのです。点数が高い自我状態は、その自我状態の傾向が強いということであり、低いものは、その傾向が弱いということです。例えば母親の心が高い場合は、優しくて思いやりが強い、低い場合は思いやりに欠け、冷たいというように判断できるのです。

エゴグラムを用いた性格診断は、インターネットを通じて、容易に体験できますので、ここでは詳しく説明しません。

五つの自我状態をマネジメントする三つのポイント

あえてエゴグラムを使わなくても、自分、そして自分の家族や親しい人々を思い浮かべていただければ、五つの自我状態の強弱や性格的傾向の大雑把なところは、何となく分かると思います。そうやって感じたり、エゴグラムを使って分析したりして、自分の自我状態の傾向を知って、日々の生活の中で、意識してより良くしていくことが大切なのです。どのように取り組むのか、そのポイントは次の三点です。

一つは、弱い、出にくい自我状態を知って、それを意識して出していくことです。それには、自分の苦手な自我状態を上手く出している人をよく観察して、マネをするといいでしょう。いい状態のモデルをつくって、それをマネるのが一番の近道です。

次に、強い、出やすい自我状態が出てしまい、人間関係があまり上手くいかなかったことを反省するのです。くよくよするのではなく、同じような状況に出くわした時、今度は、異なる自我状態を出そうと目標を立てて、次の機会に活かすことを意識するのです。

三つ目は、相手の自我状態を感じるトレーニングです。トレーニングといっても、日々の関わりの中で、意識すれば良いのです。慣れてくれば、くたびれることなく、自然と意識できるようになります。しかし慣れるまでが大変です。トレーニングを継続するポイントは、月曜日は意識する日にしようとか、特定の誰かと関わる時だけ意識してみようとか、特別に意識する場面を自分で決めて、その時だけは、集中して実行することです。そうすると、相手の自我状態が、何となく見えてきます。自分が、どんな自我状態で相手に接すれば、互いの関係が上手くいくのかということが、だんだん分かってきます。自分の自我を押し殺すことなく、相手の自我状態に合わせる訓練になるのです。

一つ目と、二つ目のトレーニングは、自分の苦手な自我の状態、得意な自我の状態、それぞれを意識して、相手との関係をより良くする自我状態の出し方を学び、改善しようとする試みです。三つ目の試みはその反対です。相手の自我状態を意識して、自分の自我状態を合わせていこうとする試みです。いずれも、自分の自我状態を、相手との関わりの中で、より良く変えるのです。相手を変えることはできません。変えられるのは自分だけなのです。

パッシブ・リスニング（受動的傾聴法）

さて、交流分析を通じて、コミュニケーションの主体である自分と相手の自我状態を認識し、相手ともっと上手に、もっと豊かに関わる方法を学びました。次に学習したいのは、相手を受け入れ、理解する聴き方、そして、相手に対する話しかけ方の基本型です。聴き方については、パッシブ・リスニング（受動的傾聴法）とアクティブ・リスニング（積極的傾聴法）という方法を、話しかけ方については、自己メッセージという方法を紹介します。

会話の基本は、聴くことです。相手を見て、相手の意見をしっかり聴くこと、そしてそのように相手の意見を聴いていることが、相手に伝わるようにすることが重要なのです。相手が聴いてもらっている、受け入れてもらっていると実感できることが大切なのです。

パッシブ・リスニング（受動的傾聴法）とは、「沈黙」「相づち」「心を開かせる言葉（ドア・オープナー）」の三つの動作で構成されます。パッシブ・リスニングは、あなたが会話している相手にとって、「聴いてもらえている」「あなたともっと話したい」と実感できるように対応するための方法なのです。

優しい眼差しを向けられ、黙って、自分の意見を聴いてくれる人を、快く思わないはずがありません。相手の話の途中に口を挟んではいけません。一区切りつくまで、黙って見ていること、黙って聴いていることが大切なのです。

相づちとは、相手の言葉を聴いていますよというメッセージを、相手に対して発信することです。「うなずく」「身を乗り出す」といった態度で、眼や顔の表情で、「うん」「ええ」「はい」などと、はっきりとした意見を差し挟まない言葉で、聴いていることを伝えることなのです。基本的には、この沈黙と相づちがしっかりできていれば、相手に気持ちが伝わります。そうすることで、お互いの関係を育むことができるのです。

「心を開かせる言葉（ドア・オープナー）」は、会話の最初の段階で、相手にもっと話すように勧める働きをします。「あなたの話を聴きたい」「もっと話して下さい」といった意味を込めて、「それで（どうなったんですか）」「それから（どうしたんですか）」「その続きを聞かせてもらえませんか」などと、聞く側の意思や関心を伝えるのです。相手に関心を寄せる心から発せられる心を開かせる言葉には、聞き手の相手に対する関心や敬意といった気持ちがこもっています。こういう態度に好意をもたない人はいないはずです。

アクティブ・リスニング（積極的傾聴法）

パッシブ・リスニング（受動的傾聴法）が、良い聴き方の基本になりますが、言語表現が少ないため、これだけでは限界があります。パッシブ・リスニングだけでは、相手はもの足りなく感じ、あなたが本当に、相手の言葉を理解しているのかどうか、相手には今一つ確信がもてないことがあるのです。そこで、あくまでもパッシブ・リスニングの実践を前提として、その上で、この限界を補う方法が、アクティブ・リスニング（積極的傾聴法）なのです。

これは、相手に積極的に話しかけることを通じて、相手に、より理解されている実感をもってもらい、相手が話をしやすくなるように対応する方法なのです。アクティブ・リスニング（積極的傾聴法）には、「繰り返し（相手の言っている内容を繰り返す）」「話をまとめる（相手の話をまとめてあげる）」「気持ちをくむ（相手の話の本質をつかむ）」の三つの動作があります。中でも気持ちをくむ聞き方が、相手が自分の言っていることを、「聞いてもらえた」「分かってもらえた」と感じることができ、最も効果的なのです。

自己メッセージ

聴き方の話はこれで終わりです。次に、話し方の基本を学習しましょう。ここでは、上手な話し方は対象にしていません。スラスラと流れるように話ができるとか、他人を感動させるスピーチができるといったテクニックは扱いません。ここで扱うのは、基本的な態度とそれを表す基本表現だけです。

私たちは、日常の生活の中で、「あなた」が主語になる言葉を使うことが多々あります。とくに、相手の言動を許容できない場合や相手と対立している時、私たちは「(あなたの) やり方を変えるべきだ」とか、「(あなたは) こうすべきだ」「(あなたは) こうしてみたらどうだ」と、「あなた」という言葉を主語に使いがちです。自分のことではなく、「相手」のことを言っているので、これを「YOUメッセージ」と言います。

私たちは、他人から自分の行動について、とやかく言われると、あまり良い気分がしないものです。人は、自分の行動は、自分で決めたいと思うのが自然です。ですから、「YOUメッセージ」の言葉に対して、相手は「自分の行動を他人が勝手に決めている。自分の行動に対して、支配、指示、命令している」と感じるのです。上司と部下といった互いに指示命令関係を受け入れている場合においてさえ、内容や表現の仕方、また状況によっては、受け入れ難い時もあるくらいなのです。「YOUメッセージ」ではダメなのです。やはり「私」を主語にした言葉、「自己メッセージ (I

メッセージ）」で会話することが大切なのです。「ＹＯＵメッセージ」は他責の言葉、「Ｉメッセージ」は自責の言葉です。相手の行動の良し悪しを評価したり、相手の行動を支配しようとするメッセージを送るのではなく、自分の感情や考えを素直に相手に伝達するための手段なのです。

「Ｉメッセージ」は、相手を誉める時にも有効ですが、相手の行動を受け入れ難いと感じた時に、大変効果的です。「Ｉメッセージ」で相手の行動変革を促す場合、以下の三つの要素が必要となります。

① あなたが受容することのできない相手の「行動」
② あなたの偽らざる素直な「感情」
③ 相手の行動があなたに及ぼす具体的な「影響」

まず、あなたが受け入れ難い相手の行動を的確に伝えます。そして、あなたの感情を率直に表現します。そうすることで、相手は自分の行動が、あなたの感情にどのような影響を与えたのかを知ることができます。その上で、今度は、感情面ではなく、具体的にどのような影響を受けているのかについて話します。そうすることによって、相手は、あなたの気持ちや具体的に受けている影響を認識し、自分の意思で、行動を変革するきっかけをつかむことができるのです。

「呼んでいるのに返事ぐらいしたらどうなんだ」。私たちの日常によく登場するセリフです。実はこれは「YOUメッセージ」なのです。相手を非難し、返事を強要してしまっているのです。それに対して、「呼んでいるのに返事がないと、何度も大声で呼ばなきゃいけないので、困るんだ」というのが「Iメッセージ」です。受け入れ難い行動、その具体的な影響、そして感情を表現し、自分の気持ちを相手に伝えるのです。そうすることで、相手の自発的な変革行動を促すのです。

「Iメッセージ」では、具体的な行動と影響に、「感情」が重ね合わせられています。感情に任せた乱暴な表現をすることも、感情を包み隠すこともしません。自分の感情を認識し、それをしっかりと相手に伝えることができます。嬉しい、悲しい、怒っているといった自分の感情を認識し、それを素直に他人に伝え、知ってもらうことがとても大切なのです。そうすることで、他人の感情を察知する能力も高まります。他人に対して自分をオープンにすることが、人間関係をより良くするコツなのです。

武士道の実践

ここまで、人間関係のマネジメントの基本と進め方について、心理学をベースにお話ししてきましたが、人間関係をより良くするためには、道徳的な側面からのアプローチを欠かすことはできません。経済至上主義、拝金主義、利己主義が蔓延し、弱肉強食のジャングルのような世の中で、人と人との関係を、より良く、豊かにするためには、やはり「武士道」の実践が重要と思われるのです。

新渡戸稲造著の『武士道』（奈良本辰也訳、三笠書房）によると、武士道とは、仏教、神道、儒教の教えがベースとなってできた武士の行動規範のことで、義、勇、仁、誠、名誉、忠義からなります。義とは、正義を行うことで、勇とは、正義を行うために勇気をもって事に臨むことです。仁とは、愛、寛容、他者への同情、憐みの心をもつことであり、礼とは、他人に対する思いやりを表現することです。誠とは嘘をつかないことであり、名誉とは役割を全うすることであり、人間の尊厳でもあります。忠義とは、誰かのため、何かのために、生命をかけられるかということです。

ならぬことはならぬとする。正しいことは正しいと、自らの行動をもって実践する。弱い者いじめをしない。大勢で一人をいじめない。敗れたる者を慈しみ、手を差し伸べる。驕れる者を挫く。礼儀正しくする。嘘をつかない。家族を守る。日々の営みの中で、マネジメントの対象として意識すべき大切なことなのです。

Ⅳ　因果関係のマネジメント

因果関係をマネジメントする思考のフレームワーク

ここでは、関係性をマネジメントするもう一つの領域、「因果関係」のマネジメントについてお話しします。因果の法則については、すでに述べたところです。すべては自分の心から発して、行動が生まれ、何らかの行動がある状態をつくり、そして、ある状態が結果に繋がるのです。これら因果関係を頭で理解するだけではいけません。私たちの生活における、また仕事における管理行動として、具体化し、日々実践することが大切なのです。

まず、私たちは、因果関係をマネジメントするための思考のフレームワーク（枠組み）を手に入れる必要があります。縦軸と横軸からなるマトリックス表をイメージして下さい。縦軸のセル（升目）には、上から順に、結果、状態、行動、能力、心（思い）という項目を書き込みます。横軸のセルには、左から順に、現状、目標、差異（現状と目標の差異）、方策（方法や対策）、結果、成功の鍵という項目を書き込みます。これで縦横の項目が示されたマトリックス表が完成します。結果から心までの五つの項目ごとに、現状、目標、差異、方策、結果、成功の鍵を記入できるようになっています。このマトリックス表に、因果関係をマネジメントするための思考の枠組み全体が示されているのです。

フレームワークを活用したマネジメントの実践

ではマトリックス表を構成する項目の説明から始めましょう。結果とは、何らかの行為、原因によって生み出されたことを言いますが、未来の結果について語る時、それは将来の一定の時期に得たいこと、手に入れたいこと、達成したいこと、結実したいことを言うのです。そこで、その達成時期、達成する内容、達成する水準を明確に示すことが大切になります。例えば、お腹の出た男性が、六か月後に、格好良くジーンズをはけるぐらいに、お腹を引き締めたいという目標を立てたとしましょう。彼の目標を達成するためには、ウエストを一〇センチ、スリムにする必要があります。彼のウエストは現在九五センチですから、目標は八五センチ、差異が一〇センチということになります。

望む結果が決まれば、現状と目標の差異を解消し、一〇センチのサイズダウンを実現するために、どんな状態目標をつくれば良いのかについて検討する必要があります。状態目標とは、どのような状態をつくれば、また何をクリアすれば、望む結果を手に入れることができるかということに

因果関係をマネジメントする思考のフレームワーク

	現状	目標	差異	方策	結果	成功の鍵
結果	ウエスト95cm	ウエスト85cm	10cm	体重減量	8cmダウン	原因の改善に注力
状態	体重90kg	体重83kg	7kg	①腹八分目の食事 ②ヨガ体操（毎日5分） ③腹筋（毎日30回2セット） ④ウオーキング（週3日30分）	5kgダウン	結果に結びつく正しい状態目標と方策の設定
行動	特に何もしていない	状態目標達成のための方策の履行	—	①一日3食何を食べても良し。但し、「どんぶりと麺類」のセットは厳禁。ご飯はお茶碗一膳厳守 ②運動は、夜風呂に入る前に実行すること（朝は意志が弱く続かない） ③ウオーキングは土日で稼げ。できなかったら、仕事中に散歩を入れる ④毎日、体重測定。グッとお腹に力を入れて鏡を直視（ひどい現実が変わりますようにと祈る） ⑤お酒の席を減らし、二次会は原則参加しない（帰って運動ができない言い訳をなくす）	予想通り、ウオーキングが続かなかった	①続けられる環境をつくること ②さぼっても挽回しようとせずに続けること ③小さな変化を楽しむこと
能力	効果的な運動方法を知らない	効果的な方法を知って使える	—	効果の高いヨガ体操、腹筋、ウオーキングの方法（ポイント）を記憶し、意識して運動に取り組む	しっかりできた	効果的な方法に忠実にすること
心（思い）	本気になれる目標がなかった	コンサートでジーンズがはける体形になる	やる気が違う！	①バンドや来客予定の仲間に宣言してまわる（退路を断つ） ②ウエスト85cmのジーンズを買って、お腹に力を入れてはいて、鏡を見て、目標とする体形でステージに立つ姿勢を強くイメージする	しっかりできた	意識し、思い続けること

関する目標です。

専門的なことは分かりませんが、格好良くウエストのサイズを小さくするためには、体重を落とすこと、体脂肪を落とすこと、そして脂肪を筋肉に変えることの三つの状態づくりが必要だとしましょう。そうすると、少なくとも状態目標として、体重に関する目標を設定する必要があります。彼は現在、体重九〇キロです。過去の経験値から推測して、ウエスト一〇センチのサイズダウンを実現するためには、目標を八三キロに設定する必要があると判断しました。

この状態目標が正しく設定されていないと、体重八三キロを達成しても、ウエストが一〇センチ小さくなっていないかもしれません。また反対に、状態目標が達成していないのに、ウエストのサイズダウンには成功しているかもしれません。状態目標が達成された場合に、どれくらいの確率で結果が得られるのかを、論理的な根拠のある仮説や経験に基づいて、知っておくことが大切なのです。

さて、ここでは、体重をコントロールすれば、結果が得られるとしましょう。次に検討する内容は、体重を七キロ低減するという状態目標を達成するための行動です。目指す状態を手に入れるために、何をすればよいのかを決定し、実行するのです。

身体を積極的に動かして運動する方法もあれば、漢方薬やダイエット食品を摂取する方法もあるでしょう。また、脂肪吸引という荒業もあるのかもしれません。そこで、ここでは行動指針として、積極的に運動する方法と食事に気を配るやり方を基本とすることとします。

彼には四つの選択肢があるとします。

①三度の食事の量を腹八分目にする
②ほぼ毎日五分間のパワーヨガ体操をする
③ほぼ毎日腹筋三〇回を二セットする
④一週間に三日は三〇分間のウオーキングをする

これをどう組み立てるかで、状態目標の達成具合が変わってきます。

体重だけでいうと、六か月で七キロの減量を実現しないといけないのですが、彼は過去の経験上、ウオーキングを外すと五キロの減量が限界であることを知っていました。食事のコントロールだけだと二、三キロが限界であることも過去に実践済みで知っていました。ですから、六か月で七キロの減量を成功させるためには、四つの選択肢をすべて実践するしかないのです。

行動目標もまた目指す状態の内容や高さによって変わってくるのです。二、三キロの減量なら、食事の量を少し減らす程度で、状態目標を達成できるのですが、七キロとなると、四つの策をすべて動員しないと難しいのです。行動目標は、状態目標の高さによって、自ずと変わってくるのです。

行動目標が決まれば、それを実行するための能力不足を解消し、能力を伸長させることを検討します。目標は、できて当たり前ではだめなのです。少し背伸びをする程度、少し努力が必要なぐらいでちょうど良いのです。今までとは異なる結果、異なる状態、異なる行動を目指すわけですから、新しい知識や技術も必要になります。パワーヨガ体操、筋力トレーニング、ウオーキングの正しいやり方を学習することも大切ですし、四つの行動を持続させるための環境づくりや自己管理の方法も勉強して、行動を通じて、自分の能力アップを図る必要があるのです。結果、状態、行動に、それぞれ現状と目標、そして差異があるように、能力についても、しっかり差異を把握して取り組みます。

ウエスト・サイズダウン計画の締めくくりは、心、思いの強さを確認し、増幅させ、維持させることです。やりたい、やり遂げたいという気持ちを鼓舞し、維持することです。この思いが目標と重なり合うことによって、望む結果を手に入れることができるのです。

彼は本気でサイズダウンに取り組む決意ができていました。それは、三〇年ぶりに再会した級友たちと共にオヤジバンドを結成し、六か月後にコンサートを開催することが決まっていたからです。ブヨブヨの身体じゃみっともない。引き締まった肉体を取り戻したいという強い気持ちにかられていたのです。昔のようにジーンズとTシャツというスタイルで、人前に出られる自分をつくりたかったのです。

しかも、彼は、成功の鍵を知っていました。行動目標の一〇〇%達成にこだわらずに、一週間単位で過去の行動をクリアして、とにかく続けることが成功の鍵なのです。このウエスト・サイズダウン計画においては、今週できなかったからといって、来週挽回しようと思わないことです。過ぎたことは水に流し、今週どこまでできるか、来週どこまでできるかという姿勢、継続は力なりの考え方で臨むことだったのです。

事業経営における因果関係のマネジメント

事業経営におけるフレームワークも、このウエスト・サイズダウン計画と同じです。因果関係をしっかりマネジメントすることが、経営管理の基本なのです。売上を増加させたければ、お客様に期待される状態をつくることです。付加価値や粗利益を増やしたければ、お客様の満足を増加させることです。そうすると、お客様が増え、客単価が増え、信者（ファン）が増えます。信者が増えるから儲かるのです。その上で、ムダ、ムラ、ムリを排除して、効率的に運営することで利益が生まれるのです。

お客様の期待や満足を高めるのも、効率的な運営にあたるのも人です。ですから社員のやる気と能力を高めることが重要なのです。顧客満足を標榜しても、思いと行動が伴わなければ、それは実現しないのです。従業員不満足の上に顧客満足が成立することもありません。

良い結果を生み出したければ、良い結果に繋がる状態をつくることです。良い状態を実現したいのならば、良い状態を生み出すための適切な行動をとることです。結果や状態を、今までと異なるものにしたいのならば、自ずと、今までとは異なる行動が要請されます。外部環境の変化による影響を除外して考えると、今までと質的に変わらないことを、同じ量だけやっていたら、状態も結果も決して変わることはないのです。

今までやらなかった新しいことをやる。今までやっていたことのやり方を創意工夫する。今までやっていたことをもっとたくさんやる。今までやっていたことを止める。とにかく今までとは異なる行動が必要になるのです。今までとは異なる行動をしっかりとできるようになるためには、新しい知識や技術も身につける必要があります。能力の改善が必要なのです。そしてすべての源はやる気次第なのです。

心や思いは、自分自身のコントロールの配下にあります。十分とは言えないまでも、少なくともそう考えることに疑いの余地はありません。能力や行動も同様です。状態をコントロール下に収めるには、相当の修行が必要です。しかし、できないことはありません。それに対して、結果は、それそのものをどうすることもできないのです。私たちが手を打てるのは、結果ではなく、原因なのです。しかも、私たちが変えられるのは、他人ではなく、自分自身だけなのです。私たちが変えられるのは、過去の事実ではなく、過去に対する見方だけなのです。過去を変えることはできませんが、未来を創り出すことができるのです。原因と結果の関係を解き明かし、関連づけ、原因に焦点を当てることが、マネジメントの要諦なのです。

V 時間のマネジメント

時間とは人生

人生とは死に至るプロセスです。プロセスとは時間なのです。一日は二四時間、一年は八七六〇時間、人生を八〇年として、約七〇万時間を生きます。八〇年の人生を全うしたとしても、一年に一度しか訪れることのない出来事は八〇回だけしか経験できません。美しい桜の花を見ることができるのも、たったの八〇回だけなのです。わが子が、愛らしい小さな子どもでいてくれる間に、一緒に海水浴に行けるのは、せいぜい一〇回分の夏ぐらいでしょうか。個人差はありますが、エネルギッシュに職業人として社会的な役割を果たせるのは、人生の半分の四〇年間ぐらいではないでしょうか。

ライフ&キャリアプランを描く

人生という時間には限りがあります。だから、逆算して生きていくことが大切なのです。終わりから考えて、時間割をつくることが大切なのです。私たちは、家族、地域社会、仕事という三つのフィールドに生きているということをお話ししました。人生においては、これら三つのフィールドにおいて、役割を獲得し、その役割をしっかり全うしようと志し、そこに集中することが大切なのです。

いつまでに、どのような自分でありたいかを強くイメージする習慣をもつことが大切なのです。結婚し、子どもを授かり、育み、自立を支援し、親の面倒を見る。今ではそうしたことを難しいと考える人、面倒くさいと考える人もいるようですが、家族というフィールドの中で役割を全うすることが、人が生きていく基本なのです。生命を繋いでいくことが、生き物としての人間の本質的な役割なのです。

結婚も相手が必要ですし、子どもは授かりものです。ですから、考えてみたところで、どうしようもないと思う人もいるかもしれません。しかし、強い思いが目標と合わされば、自分が望む結婚相手を呼び寄せるのです。健康な肉体があれば、子どもを授かることもできるのです。三〇歳で結婚して、すぐに子どもができれば、子どもが大学を出る頃には、もう五〇歳を少し過ぎた頃です。四〇歳代は、しっかり子どもの学費を稼がないといけませんから経済的に大変な時期になります。

しかし、まだまだ人生を十分に楽しめる年代である五〇歳代半ばでは、すでに子どもは独立しているはずですから、また新しい人生を描くことができます。家族はライフプランの根っこなのです。終の住処をどこに構えるかも重要な課題です。家一軒購入するのは、大変なことです。どこに居を構えるかで、地縁が決まってきます。高度成長期のように中古住宅が高く売れて、容易に買い替えを進められる時代でもありません。人間も鮭と同じで、生まれた土地に帰りたい人が圧倒的に多いはずです。学生時代をどこで過ごし、バリバリ仕事をしている間をどこで過ごし、晩年をどこで過ごすのかを考え、地域社会との関わりをもって生きていくことが重要です。結婚して、子どもができると、結婚相手の出身地や子どもの学校をどうするかで、地縁が変わってきます。会社勤めの方は、転宅を伴う転勤もあることでしょう。それでも、成り行きに任せるのではなく、自分の意思をもって、自分の人生を自分の手中に収めて、生きていくことが大事なのです。

職業人としての役割も大きく五回ぐらい変わるぐらいの心構えが必要でしょう。私の考え方では、職業人生にも探索期、成長期、熟練期、後期成長期、社会貢献期の五つの時間軸があります。それぞれの時間軸にあった目標をもって生きることが大切なのです。

勿論、個人差はありますが、多くの人々にとって、学校を卒業してから三〇歳ぐらいまでは探索期です。少なくとも三〇歳ぐらいまでに、意図していろいろな経験を買って出て、自分の職業人生としての役割に対して、ハラをくくれということです。ハラをくくって、その後、四〇歳ぐらいまでの一〇年間、走り続けられる基礎をしっかりと身につけるべきです。三〇歳ぐらいまでに、自らの役割を覚悟して、修練した者と、そうでない者の差は、三〇歳以降に歴然と現れるのです。

その後、四〇歳ぐらいまでの三〇代が成長期です。心に決めた役割を通じて、実務の中心を担い、バリバリ仕事をしている時期です。仕事を通じて、経験を積み重ね、最も伸びる時期です。失敗を恐れず、自分の役割を拡大する目標をもつべきです。その後、四〇代に入って、五〇歳ぐらいまでが熟練期に入ります。何らかの分野のプロ、匠、リーダーとして信頼され、安定的に高い力量を発揮し、後に続く者を育成していく立場を意識して、目標を設定しなければなりません。

五〇歳代になりますと、一旦、棚卸が必要です。従来の延長線上で役割を担う人もいれば、大きく変わる人も出てくる頃です。自らの心・技・体の変化を見極め、六〇歳ぐらいまでの役割を再考し、また役割の果たし方を考え、目標を掲げて生きることが肝要です。六〇歳を越えると、諸々のしがらみから解放され、純粋な心で社会に貢献できる年代になります。本当の意味で、武士道のいう義・勇・仁の心を発揮できるのもこの年代かもしれません。

家族、地域社会、職業人としての役割について、一〇年単位ぐらいで、思いを巡らし、役割を獲得し、実践し、全うするために、具体的な目標をライフプランやキャリアプランとして描くことを勧めます。一〇年後、自分は、どんな自分になりたいのかについて、しっかり目標を掲げ、目標を達成するための一〇年計画を作成するのです。そこでは、心身の鍛錬、技術の修得、人間関係の構築、暮らしに関する目標、仕事に関する目標、家族の成長、金銭的な裏づけについて、いろいろと検討し、目標を設定して、自分が為すべきことを明らかにするのです。

スケジュールを管理することは、人生にとって大切なことに時間を割り振ること

自らの役割を、現在の、そして未来の明確な目標へと投影し、具体的な行動計画へと展開し、日々の生活の中で実践していくことが、タイムマネジメントの基本です。企業などの組織においても同じことです。

孔子は「吾れ十有五にして学に志し、三十にして立ち、四十にして惑わず、五十にして天命を知り、六十にして耳順い、七十にして心の欲する所に従いて矩《のり》を踰《こ》えず」と言いました。

およそ一〇年の単位で計を立て、それを三年、一年と中間地点で、ここまで達成するという目標に展開していきます。今年は、一〇年の目標の過程として、ここまで達成するという目標を掲げるのです。一〇年単位の大きな目標を意識して、そして連動して、一年、一月《ひとつき》、一週間、日々を送っておりますと、ブレることがありません。

そうすると、一か月のスケジュールの中で、一週間の予定の中で、日々の生活の中で、優先すべきことがはっきりと見えてきます。自分にとって価値のあることと、どうでもよいことも明らかになるのです。そうすることで、自分の人生にとって、大切なことに、時間を優先的に配分できるよ

うになるのです。

　時間の管理は、最初は、手帳に日々の予定を書き入れるところからスタートすれば良いのです。予定表の空白を受け身で入れていくところから、始めれば良いのです。そのうち、空白が気になるはずです。予定表の空白を、自分の意思で能動的に埋めていきたいと思うようになるのです。

　そのような自分の意思を感じたら、今月中に達成したいことを書き出してみると良いでしょう。そうすると、そのことを達成するために、いつ、何をしなければならないのかが見えてきます。スケジュール表には、もはや、他人の要求に基づいて書きこんだ約束以外のこと、自分で思い、考え、為すべきと計画したことが、どんどん記入されていくのです。

　自分の為すべきこと、他人の都合、遊びたい心などが交錯し、予定表の空白を取り合います。何が重要で、何が緊急なのかを考えないと、私たちの人生は、さして重要でもない緊急事項に振り回されます。他人に自分の時間を、人生を支配される結果に陥ってしまうのです。人生は長くはありません。突然終わりがやってくることもあるのです。だからこそ、私たちは、人生の中で、仕事の中で、重要なことに集中すべきなのです。緊急性は、先手を打って、緊急とならないようにしてしまうべきなのです。

　月次のスケジュール管理と一週間の行動予定を連動させて時間管理を行い、それに基づいて日々を生きている人は、すでに、役割、一〇年の目標、一年の目標と連動させて、時間を管理する能力を身につけています。

自らの人生を成功に導きたいのならば、役割に集中すべきです。役割を達成するための長期の目標を明確にして、短期の目標や計画に展開し、日々を生きるのです。人生はたったの七〇万時間です。桜の花はたったの八〇回しか見ることができないのですから。

やり遂げる力――強い思いと達成手段に裏付けられた目標

何かをやり遂げたいと思うなら、まず、何があっても達成したいと強く思う目標をもつことです。役割を全うする心から発せられた目標をつくることで、誰かのために、何かのために、何かを「やりたい」「やらねば」ならぬといった強い思いを重ね合わせることができます。強い思いは、目標達成行動の前に立ちはだかる様々な障害を乗り越える勇気を、私たちに与えてくれます。目標や手段を実現可能なサイズまで分解することで、できなかったことが、できるようになります。「やりたい」「やらねば」に、達成手段に対する信頼の心「やれる（できる）」を重ねることで、強い思いと達成手段に裏付けられた目標を手に入れることができるのです。

Ⅰ　やる気のメカニズム

やる気のメカニズムを構成する七つの要素

「やり遂げる力」についてお話しする前に、人間のやる気のメカニズムについて、科学的、分析的なアプローチで解明しておきましょう。

やる気というのは、簡単に言うと、ある目標を達成したいという気持ちです。まずこの気持ち自体が存在していることが前提です。ところが、やる気というのは、強いこともあれば、弱いこともあります。このやる気の強さは、いくつかの要素とその関連性によって左右されているのです。私たちは、まず、その要

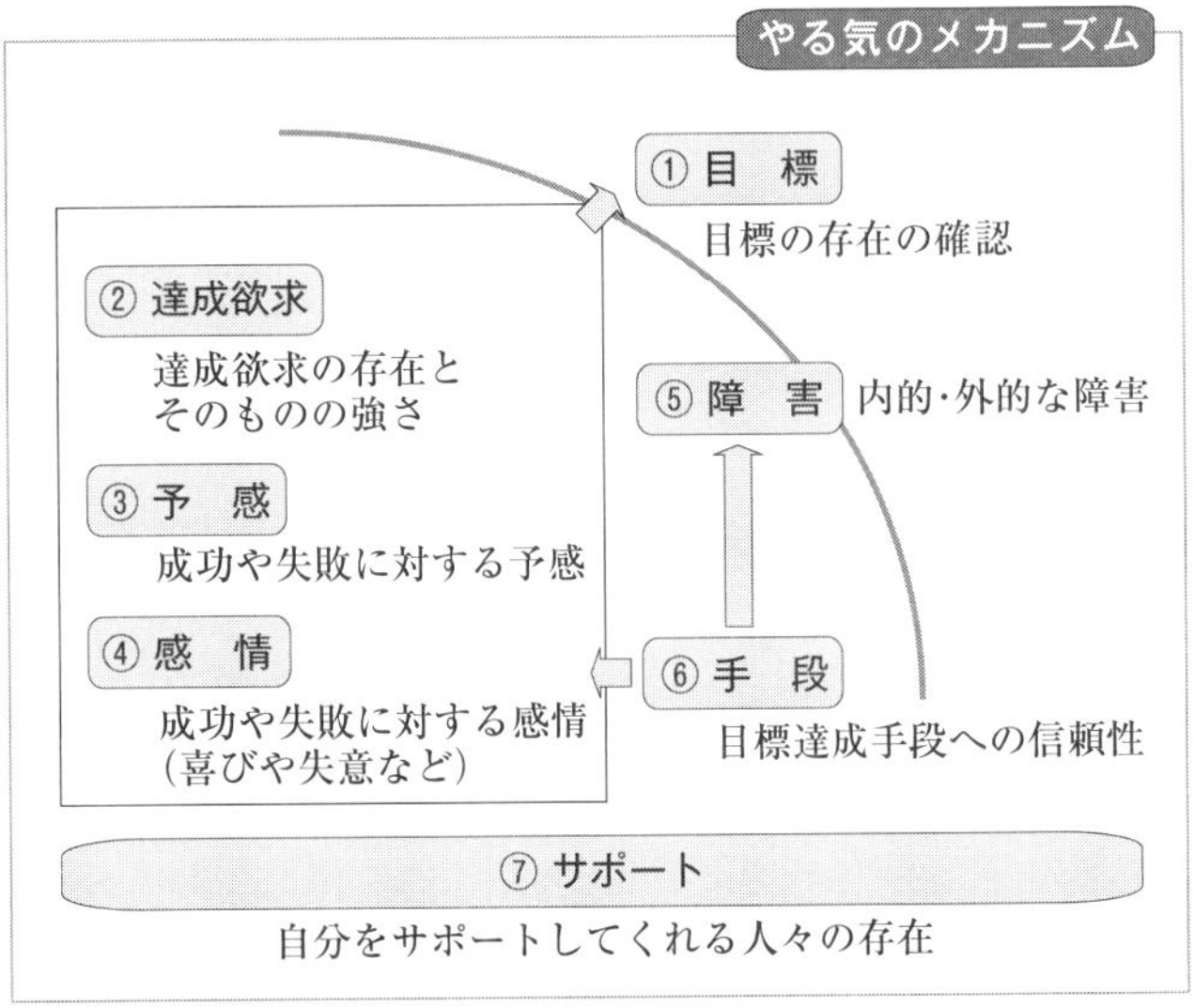

素が何であるのか、そしてどのように関連し合うのかを知る必要があります。

私たちは、ある目標を確認した時、その目標達成に成功するか失敗するかの予感をもっています。成功するような気持ちになれば、やる気が出ますが、失敗するかもしれないという気持ちが強いとやる気が失せてしまいます。そして、成功や失敗に対する予感は、目標達成のための手段に対する信頼性と関係しているのです。

目標の達成を可能にする方法や方策を知っていて、かつそれを遂行できる自信がある場合、成功の予感とあいまって、やる気に結びつきます。ところが、方法や方策を知らないとか、知っているけれども、遂行能力に著しく欠けており、実行できる気がしないと判断した場合などは、失敗の予感とあいまって、やる気を喪失させてしまうのです。

成功する予感に多少の不安があり、達成手段に対する信頼性もいま一つ不安な場合であっても、成功した時の喜びの感情が大きければ、一歩を踏み出すことができます。反対に、成功することが十分に予感できていて、達成手段を講じられる自信があっても、一歩を踏み出す気持ちにならない場合もあります。成功に対する喜びの感情が小さい時です。失敗に対する失意や悲しみの感情が大きいと感じる時も、行動を鈍らせます。

また、目標を達成するためには、通常、何らかの障害を乗り越える必要があります。障害には、個人的・内面的な障害と、外部環境における障害とがあります。障害は、その大小よりも、乗り越えられる自信があるか否かで、やる気が出たり、出なかったりします。目標達成手段への信頼性と大きく関係しているのです。これら六つの要素が互いに関連し合って、やる気を左右するのです。

そして、これら六つの要素に加えて、第七番目の要素として、自分をサポートしてくれる人々の存在の影響を見逃すことができません。達成手段の提供や能力アップの支援、鼓舞激励など、目標達成に向けて、自分をサポートしてくれる人々の存在や適切な関わりが、やる気を左右する外的な要素として働くのです。

①目標の存在
②達成欲求自体の存在
③成功や失敗に対する予感
④成功や失敗に対する喜びや失意の感情
⑤内的・外的な障害の存在
⑥目標達成手段への信頼性
⑦自分をサポートしてくれる人々の存在

目標達成に対する強い思いがあるか

ここに、一年後までに、大がかりな移植手術を受けないと、確実に死を迎える子どもをもつ両親がいるとしましょう。また、移植手術を受けることができれば、ほぼ生命が救われるのです。それ以外に方法がないとしましょう。私たちと同様に、彼らは、わが子をとても愛しています。代わってあげられるものなら、代わってあげたいと願っています。しかし、彼らの手元には、必要な資金一億円がないのです。

もし、あなたが、この子どもの母親や父親なら、どうするでしょう。何としても一億円を用意して、手術を受けさせたいという強い達成意欲をもっていることは間違いないでしょう。手術さえ受けられれば、わが子の生命を救うことができるのですから、成功した時の喜びも、親という生き物にとって、これに勝るものはないでしょう。

しかし、わずか一年で、一億円をどうやって調達するのかを考えると、気が遠くなる思いがします。一億円を集めるという行動に対する信頼をもてません。豪邸の購入が目的だったら、すんなり諦められますが、目的は、子どもの生命を救うことなのです。簡単には諦められません。自分のもてる財産を総動員して、資金を工面しようとするでしょう。それでも、自分だけの力では、どうしようもできないことが分かっているから、友人や知人の援助を求めて、募金活動から何から何まで、動き回るはずです。理屈ではありません。できることのすべてを一所懸命に尽くすはずです。

失敗に対する予感や失意など、考えている余裕もないはずです。やるしかないのです。何もしなければ、子どもは確実に助からない。しかし、行動すれば、助かる可能性があるのですから。

この子どもの両親の事例では、成功に対するこの上ない喜びの感情、何としても失敗できない背水の陣で臨む覚悟が、達成欲求を強固なものにしているのです。思いの強さ、達成欲求自体の強さが、成功に対する至上の喜びとあいまって、目標達成への手段を確保し、障害を乗り越える原動力となっているのです。両親の懸命な働きかけが、周囲の心を突き動かし、支援者の輪を広げているのです。

やる気のメカニズムを構成する七つの要素の中でも、やはり達成欲求そのものの強さ、目標達成に対する強い思いがあるかないかが一番の決め手になるのです。失敗の予感や失意の感情、障害の大きさや達成手段への信頼性のなさといった要素が原因で、やる気を喪失するのならば、それはきっと、本当にやり遂げたいと思っている目標ではないのです。口先だけの目標なのです。失敗の予感や失意の感情、障害の大きさや達成手段への信頼性のなさを克服して、何としても達成したいと思える目標が、やり遂げる意志の合わさった目標なのです。

思いの強さが、人を行動に駆り立てるのです。子どもを思う親の気持ちほど強いものはありません。ですから、何でもできるのです。

しかし、これが、疎遠になっている兄弟や親戚となると、ここまでの思いをもつことができるでしょうか。冷たいと言われるかもしれませんが、たぶんできないと思います。お葬式に参列しても、直近で頻繁にお会いしている方とのお別れは、とても大きな悲しみを感じます。ところが、何年もお会いしていない方となると、亡くなられたという感覚がピンとこないのです。その方への思いが弱くなっているのですね。

心理的な距離感が、思いの強さを左右します。その人と親密に接する時間が長く、最近であればあるほど、彼、または彼女に対する思いは強くなります。また、物事でもそうです。接する深さと時間が大きければ大きいほど、しかもそれが直近であればあるほど、その物事に対する思いが強くなるのです。

自分の役割の中で、大切な人、大切な物事との心理的、時間的、空間的な距離を近づけることが、思いの強さに繋がっていくのです。

Ⅱ　目標に思いを合わせる

心に強く思うことが現実となって現れる

私たちの人生は、私たちの思いがかたちづくっているのです。私たちの人生は、自分が意識して、また無意識に蒔いた種が、発芽し、成長することで、かたちづくられていきます。それが、好ましいものであろうと、なかろうと、自分の蒔いた種が、確実に成長し、自分を取り巻く様々な環境として現れるのです。

類は友を呼ぶと言います。良い思いも、悪しき思いも、それと同類のものを引き寄せます。口先だけで誰かの役に立ちたいと言っていても、身勝手な心や、他人のことを思い量ることのない行動は、私たちが役に立てる環境を生み出しはしません。私たちの周囲に現れる環境は、私たちの口先だけの願望や頭の中で思い巡らせていることではなく、私たちが、意識して、また無意識に、心に強く思うことが現実となって現れるのです。

今の自分の置かれた状況は、それが素晴らしいものであろうが、耐え難い苦痛に満ちたものであろうが、すべては自分が蒔いた種の結果であると、心に収めることができれば、他人や環境に対して不満を言っても何も始まらないことが分かります。すべては自分が蒔いた種なのだから、過去に自分が蒔いた誤った種の結果を受け容れ、逃げることなく対処し、そして、未来に向かって、自ら、良い未来をつくる種を蒔き、育てるのだと決意し、行動するところに、すべては未来に向かって、良い方向に向かっていくものです。

何かに、誰かに、そして自分に対して責任ある生き方をするということは、そういうことなのです。他人や環境といった自分以外の何ものかに責任を転嫁する生き方は、自らの人生を、自ら放棄した生き方です。それは、自分の人生を他人任せにし、自分の人生を他人に振り回され、そして他人を振り回す生き方なのです。自らの人生は、自らの責任で、自らの思いで、切り拓いてゆくものなのです。

「やりたい」「やらねば」「やれる（できる）」

目標を叶うことのない願望で終わらせないためには、「やりたい」「やらねば」「やれる（できる）」の三つの思いを、自分自身の〝ハラにおとす〟必要があります。自分が立てた目標に、三つの強い思いが合わさっていることが、目標をやり遂げるための秘訣なのです。

三つの「や」の「やりたい」「やらねば」は、先にお話ししました「やる気のメカニズム」を構成する七つの要素のうち、①目標の存在、②達成欲求自体の存在、③成功や失敗に対する予感、④成功や失敗に対する喜びや失意の感情に対応します。「やれる（できる）」は、⑤内的・外的な障害の存在、⑥目標達成手段への信頼性、⑦自分をサポートしてくれる人の存在に対応しています。

「やりたい」

分析的アプローチで、論理的に理解することは大切です。しかし、やり遂げる力は、論理からは生まれてきません。自らの感情を刺激するアプローチが必要なのです。「やりたい」は「心の底からわき上がる強い願望」です。自分はこうしたいという気持ちです。歌手になりたい、大きなプロジェクトのリーダーを務めたい、懇意にしている得意先に自分の提案を認めてもらいたい、ひいきにして下

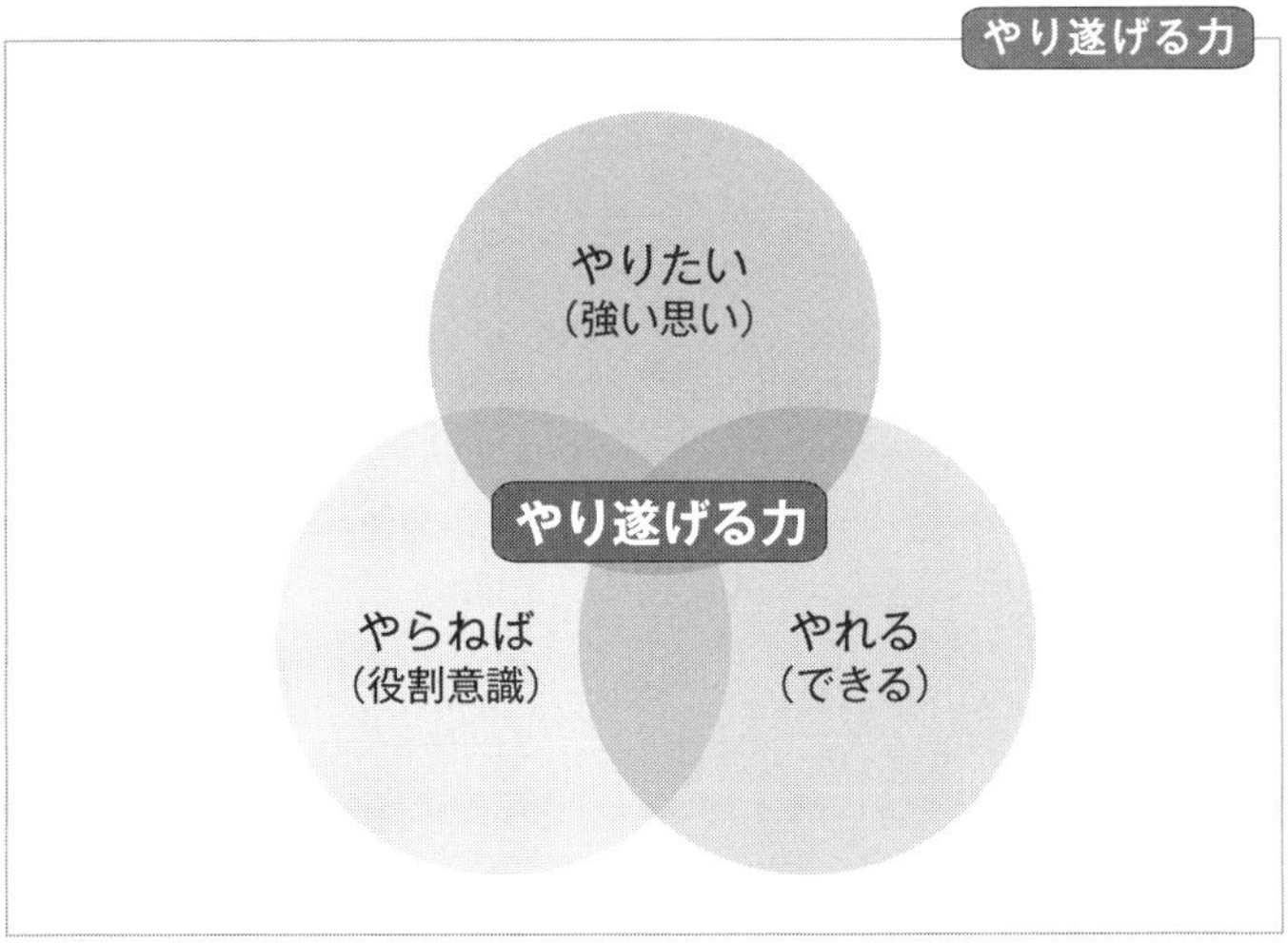

さるお客様に「ありがとう」と言ってもらいたいなどの気持ちです。頭で考えているだけではダメです。「やりたい」という気持ちは、論理先行では出てこないのです。何かと、誰かと、関わる中で、「感じる」ところからやってくるのです。ワクワクする、すぐにでも行動を起こしたい衝動に駆られる、鳥肌が立つ、何だか体中の細胞が活性化している感じがする瞬間を探し求めることが大切なのです。

「やらねば」

「やらねば」というと、義務感や危機感に駆られて行動を起こすことを連想する人もいるでしょう。確かに危機意識を強くすることで、やり遂げる力が生まれることに間違いはありません。しかし、本当の危機に遭遇しないと、人間はなかなか動かないもので、平時に背水の陣をしいて事に当たることは大変難しいことでもあります。

ここで言う「やらねば」とは、「誰かの期待に応えたいという強い思い」のことなのです。義務感や危機感ではなく、自分は誰かの役に立ちたいという自然で前向きな気持ちを強くもつことなのです。例えばそれは、シンプルに「お客様の役に立ちたい。彼らの困っていることを解決してあげたい」ということかもしれません。社会の役に立ちたい、お客様の役に立ちたい、会社の役に立ちたい、子どもに頼りにされたいといった気持ちの強さなのです。

多くの場合、相手からの期待というのは、面と向かって、言葉として頂戴できることは少ないのです。しかも、自ら行動を起こす前に頂戴できることはないと考えたほうがいいのです。役に立ちたいと思う相手から、「〇〇さん、頼むよ」と言われなくとも、自分のほうから先に、「私に任せて下さい。私に期待して下さい。必ずお役に立ちますから」と自分で自分に期待をかけて、自分に暗示をかけて、「やらねば」の気持ちを奮い立たせるのです。そうして期待に応えられる行動を起こし、納得のいく結果を叩き出すのです。そういう気持ちのこもった行動の繰り返しが、相手のあなたに対する期待感を増幅させるのです。そうすることで、相手とあなたの間に、プラスのエネルギーの交流が起こり、やる気になってくるのです。

実は、「やりたい」が、しっかり〝ハラにおちている〟という人は、そう多くはないのです。心配しないで下さい。また、いたずらに「やりたい」を探し回って、いつまでたっても「本当にやりたいことが見つからない」と嘆かないで下さい。「やりたい」が、なかなか心の底までおちない人は、まず「やらねば」主導で自分の心をワクワク元気にさせて下さい。「やらねば」に必死になって取り組んで下さい。そうしているうちに、本当に〝やりたい〟を発見する機会が訪れます。必ず訪れます。「やりたい」と「やらねば」が重なるかたちで訪れるのです。

「やれる（できる）」

最後に「やれる（できる）」です。「やりたい」「やらねば」と思っていても、目標を達成するために、具体的な行動を起こすことができるという自信、立ちはだかる幾多の障害を乗り越えることができるという自信がなければ、目標をやり遂げる力を手に入れることはできません。

通常、何らの努力を必要としない目標は、目標とは言いません。それは、やる前から、すでにできていることなのです。今までと同じやり方で、同じようにやっていても達成できるのならば、それは目標ではないのです。目標とは、挑戦に値することであり、未来のことを今決めることであり、いつ、何を手にしたいのか、何を得たいのか、何を達成したいのかを明らかにすることなのです。そこには、現状と目標があり、必ずギャップ（差異）が存在するのです。「できるかなあ」という自分自身に対する不信を、「やれる（できる）」という自信に変えるためには、このギャップを明確に認識し、このギャップを解消するための手段を講じることができると確信できる必要があるのです。

今までと同じやり方を、今後も続けるのならば、目標は最初から達成されることはありません。それで達成できるような目標なら、目標が間違っているのです。今までやっていたことを変える。質を高める。もっとたくさん、または少なくする。今までやっていなかったことをやる。大雑把に捉えてやっていたことを、もっと細かく分解してやってみる。目標達成に向けて、現状とのギャップを問題として捉え、解決するためには、自らの行動を進化させることが不可欠なのです。気合いも大切ですが、根拠のない〝できる〟では、行動に移すまでもなく、力尽きてしまうのです。

さあ、ではどうすれば「自信をもってできる」と言える状態をイメージすることができるのでしょうか。キーワードは一つ。「明日からでも行動に移せるレベルまで目標や方法を分解して考える」ということです。目標が高いと感じたら、実現可能性を感じることのできる中間目標を設定し、まずはそこに挑むことです。エベレストの山頂を目指すために、まずその何合目かを制覇することを目標にするのです。方法もプロセスや作業に分解することで、これはできるけれども、これは難しいということが明確になるのです。

例えば、料理の素人に対して、「何か美味しい料理をつくって下さい」と言われても簡単にできるものではありません。しかし、「鍋に小さじ一杯の塩を入れて下さい」と言われると誰でもできます。もし、あなたが、一流の料理人なら、「美味しい料理をつくる」という大きさでモノゴトを捉えても、あとは心と頭と身体が同時に動いて、目標を達成できるでしょう。豊富な経験と知識を瞬時に総動員して行動を起こすことができるから達成できるのです。しかし、あなたが、料理の素人だとしましょう。料理本を片手に、細かな手順の一つひとつを確認しながらでないと、料理をつくることはできません。ましてや、何が美味しい料理かを理解していなければ、目標を達成することはできないでしょう。

目標に到達するまでのプロセスを、大雑把に捉えて「できる」のであれば、それで何らの問題もありません。しかし、大雑把な分解では「できない」のであれば、もっと細かく、自分が今すぐにでも具体的な行動に着手できるレベルまで、目標と方法を分解して取り組む必要があるのです。そうしないと、いつまでたっても「できない」ということになります。

プロは、細部にこだわると言います。一流と二流を分けるのも細部への執着です。先ほど「鍋に小さじ一杯の塩を入れる」行為なら素人でもできると言いました。しかし、一流のプロの世界は違います。この些細な行為でさえ、磨きをかけるべく徹底的に探求しているのです。塩を入れる時の微妙なタイミング、鍋の微妙な温度、塩の微妙な量、投入のスピード、それらの組み合わせなど、料理の素人である私には想像できないほどの大きな世界が、この「鍋に塩を入れる」という小さな行為の中に広がっているのだと思うのです。

Ⅲ　分解すればできる。衆知を集めればできる

目標達成のための手段 ―― 実行できるレベルまで分解する

自分自身の「できる」に対する信頼性は、目標に思いを重ね合わせ、やる気を鼓舞する上で、欠かせないことなのです。目標を達成するための手段を知らなければ、知るための努力が必要です。知ることができれば、その手段を使えるのか、実行できるのかを判断する必要があります。たとえできないと判断しても、そのまま放置してはいけません。できなければ、できるようにすれば良いのです。できないことをできるようにするにはコツがあるのです。それは実行できるレベルまで分解するということなのです。

ダイエットが上手くいかない理由の一つも手段の分解にあります。私たちは、サイズダウンの目標を立てて、食事を制限する、毎日三〇分のウオーキングをすると決めても、なかなか実行できません。多くの人は、サイズダウンの目標を立てて、食事制限と運動の計画を立てた直後から、毎晩、大好きなお酒を飲み、旨いものをたらふく食う習慣を続けてしまうのです。多くの人にとって、サ

イズダウンは単なる願望であり、やり遂げる心が合わさった目標とは異なるのです。

サイズダウンを本当に成功させようと思うなら、まず「やりたい」「やらねば」の気持ちがしっかり重なり合ってなければできません。その上で「できる」という気持ちと行動を重ね合わせるのです。腹八分目の食事を継続するとか、毎日三〇分のウオーキングをするといったことを継続できなければ、サイズダウンの目標を達成することができないわけですから、「どうすればできるのか」という問いを自分自身に発し、答えを導き出していくことが大切です。「できない」という言葉で片づけてしまっては、本当にできません。「どうすればできるのか」という言葉を使うのです。そして、知恵を絞って、できることに意識を集中するのです。

では、「どうすれば腹八分目の食事を継続できるのか」という質問を自分自身に発信してみましょう。「簡単ですよ。今日の夕食からでも大丈夫ですよ」と、簡単にできてしまう人もいるでしょう。しかし、ご飯をおかわりしている人や昼食にラーメンとチャーハンを食べているような人だと、かなりの苦痛が伴うはずです。そうすると、朝昼晩の三食を一気に八分目にすることは難しいので、分解して、順番に、段階を経てやろうかとなります。何だかできそうな気がします。少しずつ、我慢できる範囲で減らしていくのです。それでも自信がもてないなら、他人の支援を得ることも一つです。自宅で奥様の手料理を食べることの多い人は、奥様に手伝ってもらうことも考えられますし、最終手段としては病院や断食道場などに自分を監禁してしまうことも、一つの方法です。

もう一つ、「どうすれば毎日三〇分のウオーキングを続けられるのか」という課題を解決してみましょう。この手の課題は、続けられない原因を潰していけばよいのです。「毎日」「三〇分」「続けられない」ということを、細かく分解していくと、様々な原因が見えてきます。平日は、朝も夜もなかなか計画通りに時間がとれないということだったら、まずは週末の土日に確実に実行し、平日を二日間だけ、一週間に合計四日間からスタートすることも考えられます。自宅から最寄り駅まで歩く時間を毎日の三〇分にあてることもできるでしょう。いざ毎日続けるとなると、あまり気乗りしないような時は、毎日、同じコースを歩く時間を計測してスピードアップを楽しむとか、体重や体脂肪を計測して、ウオーキングの効果を楽しめるように工夫することも考えられます。ウオーキングのコース設計をいろいろ変えてみるのも楽しさを増すでしょう。一人ではなかなか続かないということだったら、家族につき合ってもらうという方法もあります。いろいろと実行可能な解決策が見えてきます。

毎回、同じように、食事制限とウオーキングという行動目標を掲げて、「できない。できない」とぼやいている人は、行動目標の設定の仕方を変える必要があります。自分で、より細かく、具体的に、すぐに行動に移せるレベルに、階段をつくって実行することによって「できない」は「できる」に変わるのです。

「探る」「提案する」「導く」

仕事においても基本は同じです。例えば、営業という職業に携わっているビジネスマンにとって、売上という結果に関する目標は、ずっとついて回ります。一応、サラリーをもらって仕事をしているわけですから、優秀であるか否かに関係なく、営業マンは、アマチュアではなく、プロフェッショナルなのです。お客様をつくり、ファンを増やし、お買い上げを増やすために、プロとして、日夜、「探る」「提案する」「導く」からなる提案営業に励んでいるはずです。「探る」とは、お客様のニーズやウォンツを探る情報収集活動で、「導く」とは、お客様が快く購買を決意する瞬間を導くためのクロージングの活動のことです。通常のダイエットだったら、自分だけの問題ですから、できなくても何ら困らないかもしれません。しかし、営業マンが「できない」と文句を言いながら、いつまでも過ごすわけにはいきません。

では、営業マンの提案営業について、「できる」を、もう少し具体的に検討していきましょう。営業マンは、通常、一年間を単位とした売上の目標をもっています。多くの営業マンの心情としては、〝与えられている〟といったほうが正しいかもしれません。この与えられていると感じている目標を、「よし、やるぞ」と、自分の心の底からわき上がるやる気に支えられた目標にするために、「できる」はとても大切です。

例えば、ある営業マンが、「今期は、新製品で売上を一〇〇〇万円アップさせる」という売上目標をイメージしたとしましょう。多くの場合、ここでのイメージはまだ仮の設定です。何しろ、何となくイメージでつくっただけで、これといった論理的な根拠がないことが圧倒的に多いのですから。この根拠のない曖昧な状況を放置しておくと、どんどん〝不安〟が心を占拠していくことになります。そこで、自信をもって「できる」と思えるようにするためには、具体的に実行の可能性を感じられるイメージまで、行動計画を具体的にすることが大切になるのです。

「探る」を分解する

「探る」「提案する」「導く」の三つのフェーズで構成される提案営業活動も、より具体的なステップに分解することができます。営業活動において、商談における提案の進め方やクロージングのやり方も重要ですが、ここでは、提案をより良く受け入れられるものにするために、しっかりとお客様のやりたいことを探る行為に焦点を当ててみたいと思います。「探る」という行為は、次の五つのステップに分解することができます。

1　見込客を設定する。
2　問題、課題、不満、不安、願望、期待など、広く見込客のニーズ・ウォンツを探る。
3　新製品をご使用いただくことで、どのような顧客ニーズを満たすことができるのかについて仮説を立てる。

4　見込客に仮説を投げかけ、ニーズ・ウォンツの焦点を探る（狭義の「探る」）。

5　提案の骨子をまとめ、営業ツールに反映する。その際、次に挙げる七つのポイントをしっかり押さえておく。

①顧客ニーズ
②ニーズ充足の提案
③ご使用いただいた時の素晴らしいイメージ
④新製品の特徴
⑤他社製品との違い
⑥商談の中で想定される断り文句や疑問・質問への対応
⑦決断を促すきっかけ

これら五つのステップを、一段一段、しっかりと踏まなければ、提案営業活動は成功裏に遂行されることはありません。これらのステップは、一階、二階、三階と五階建てのビルの各フロアに相当するというイメージをもって下さい。五階まで到達して、ようやく「提案」のための準備が完了するのです。これらのステップ、すなわち各フロア単位の大きさで仕事を捉えて、目標を達成するために、従来と比べて質的・量的により良い仕事ができるのなら問題ありません。

「探る」をさらに分解する

「探る」活動を五つに分解したこの大きさで仕事を捉えて、すぐに行動に着手できる具体的なイメージをもつことができれば大丈夫ですが、そうでなければ、この大きさでは実行不能ということになります。そうすると、さらに細かく分解する必要があるのです。

例えば、最初の「見込客の設定」は、最も大切なステップです。何しろ、狙いが外れると、実行するすべての努力が水の泡になる可能性があるのですから。新製品を必要とされる可能性の高いお客様が最優先されなければなりません。波及効果を考えますと、他のお客様に良い影響を及ぼすことのできるお客様に導入いただくことも大切です。見込客の設定を適切に行うためには、自分自身に対して、さらに噛み砕いた質問をしなければなりません。

1　目標を達成するために、どのような方法で、どれだけの見込客にアプローチすることが有効なのだろうか。

2　新製品のターゲットとなる市場全体の見込客はどれだけあって、どのように分類できるのだろうか。

3　ターゲット市場全体の見込客の中から、どのカテゴリーの見込客を、新製品を購入いただける可能性の高い重点見込客として位置づけるのだろうか。

4　重点見込客を中心に、具体的なアプローチを開始するための「見込客リスト」を作成するための情報は入手できているだろうか。

5　見込客リストは、即座にコンタクトをとれる状態に整備されているだろうか。

少なくとも、このような五つの質問に答えられないならば、それは、見込客の設定が適切にできているとは言えません。これら五つの質問は、次のフロア、一階から二階に上がるための〝階段〟だと思って下さい。この階段は、自分で、自分にあった段数の階段を設定することができるのです。できる大きさに分解して、自分にあった階段をつくれば良いのです。人間の心を細かく分けることはできませんが、人間の行動は、細かく分けていくと、必ずできるサイズまで細分化・具体化できるのです。

このように各ステップを、もう一段細かな手順に分けてみると、分からないこと、できていないこと、不十分なことが見えるようになってきます。これを問題として捉えて、「どうすればできるか」と置き換えて、できるようにするための計画を立てて、実行することが、「自信をもってできる」というために欠かせない行為なのです。

それでも、どうしても、自分の力だけでは、自信をもてないこともあります。安易に他人の助力を求めるのは、あまり感心できません。しかし、自分なりに努力して、その上で、他人に支援を求めることも必要なのです。「あなたのやり方で大丈夫ですよ」と、一言、背中を押してもらうだけで、自分を信じる勇気が生まれることもあるのです。

臆することなく、他人に支援を求めるためには、自分にやましいところがあるとできません。他人にも納得や共感が得られる目標なのか、一生懸命になって、自分ですべき努力をしっかりやっているのか、他力本願になっていないか、自分の胸に訊いてみる必要があります。問題がなければ、相手に迷惑にならないことを配慮して、支援を求めることは有効な手段なのです。

Ⅳ　自分を磨く

訓練し、経験を積み重ね、磨き上げる

いくら細かく分解しても、すぐには、できないことがあります。一流の寿司職人の握り方をビデオにとって、細かな動作に分けて、真似てみても簡単にできるものではありません。イチローのバ

ッティングも同じです。やり方を頭で理解しても、身体や感覚がついてきません。少し状況が変わっただけで、できなくなってしまいます。

安易なマニュアル主義や経験不足では、できているつもりが、状況が少し変わっただけで、対応できなくなることが多々あります。頭で理解して、見よう見まねでやってみたら、すぐ一流になれることなんて、そうそうあることではないのです。心・技・体のすべてにおいて、自分を磨くことを怠っていて、簡単に望む結果が得られることはないのです。多くの物事には、訓練し、経験を積み重ね、磨き上げるという行為が必要になるのです。

訓練を積むことや磨きをかけることは、地道な作業の積み重ねであることが多いのです。目標に心が合わさっていないと、すぐに嫌になってしまいます。小さな差が大きな差に繋がるプロの世界では、その些細な差に注意が行き届かなくなります。自分を磨き続ける努力を惜しまない自分を確立することが、できる自信を底辺から支えるのです。

V　諦めない心

目標に執着する

人は、諦めた時に失敗するのです。諦めなければ、意図した時期を逸することはあっても、その目標に到達するのです。たとえ、到達しなくとも、少なくとも今より、目標に近づくことができるのです。簡単に諦めてしまうのは、役割を覚悟していないからです。目標に強い思いが重なり合っていないからです。自分自身を含めて、目標の達成に関わる人々を心から愛していないからなのです。理屈で目標をつくっているからです。自らが、関心を寄せて、何かを感じて、心が動いた結果として定めた目標ではないからです。

私たちは、日頃、「目標に執着する」という言葉を使います。とても大切なことです。しかし、理屈だけでつくった目標、他人がつくった目標、何らの思いも感じない目標に、執着なんかできるわけがないのです。諦めない心を生み出すためには、「執着したくなる目標」が必要なのです。それは、役割を覚悟すること、役割の達成に繋がる目標にすること、強い思いの重なった目標にすること、理屈ではなく強く心が惹かれる目標にすることなのです。

飢えと不足

いま、この世界には、二つの大きな飢えがあります。一つは食べることができないという豊かさに対する飢えです。南半球に集中しています。水、食糧、物資が不足しているのです。彼らが豊かになるための仕事も不足しています。もう一つの飢えは、希望や愛情といった心の幸福に対する飢えです。北半球の先進諸国と呼ばれるちゃんとご飯が食べられる国々に集中しています。

格差社会だとか、豊かな国の貧困だとか言われていますが、この日本という国で、誰が飢え死にしているというのでしょうか。むしろ孤独死や精神的に追いつめられた死、未来を悲観した死と、その予備軍がたくさんいるのです。今を幸せだと感じられない人々がたくさんいるのです。

恋人ができれば幸せになれる。子どもができれば幸せになれる。お金持ちになれば幸せになれる。仕事で成功を収めれば幸せになれる。多くの人がそう思い込んでしまっています。確かに恋人も、子どももいたほうがいい。お金もあったほうがいい。仕事で成功を収めることも大切だ。でもそれらを手に入れれば幸せになれるかというと、それは全く違う話なのです。

誰かを、何かを手に入れても、またそれでは飽き足らなくなります。そして、もっともっと手に入れようとするのです。いつまでたっても心は満たされないのです。幸せは、心の状態が決めるものなのです。

この国において、戦後は明らかに、物質的に不足していました。何もかも失ってしまったのですから当然です。アメリカの豊かな暮らしと日本の状況を比較し、大きな不足を実感し、アメリカの暮らしに憧れ、頑張りました。コンプレックスは、不足を解消したいという強烈な願望を生み出しました。不足は強いエネルギーを生み出すのです。今の不足を解消したいという願望を、未来の目標に重ね合わせて、多くの人々が生きていた時代がありました。

ところが、今や物質的な不足は重箱の隅を突っつきまわさないと出てきません。コンプレックスという言葉も死語になりかけています。今はそれを個性と言うらしいのですが、大きな間違いです。今、とりあえず現状に満足してしまっているから、何とか生きていけるから、不足が見えてこないのです。明日という日もまた、今日と同じように過ぎていくと思って、またそんなことは考えないようにして、生きている人々が多くなっているのではないかと思うのです。

不足が欠乏している時代

皮肉なことに、多くの人々が不足の経験に乏しい分、不足を解消したいという強い願望が生まれないのです。今に安住することに慣れきっている人たちが多いので、未来を自ら切り拓く力が生まれてこないのです。

不足が欠乏している時代には、不足の充足という強い願望がわき上がってきません。少しくらいの不足なら、まあまあ満足できてしまうのです。不足が欠乏している時代において、やる気というのは、まあまあ満足している状態を現状とし、とても満足している状態を目標とした時の差異、つまり前向きな不満という心の不均衡状態を生み出すことなのです。物欲や金銭欲に強くとらわれている人は、その良し悪しは別として、その分かりやすさ故に、前向きな不均衡をつくりやすいのです。

しかし、今ではこの国の大多数を占めるかも知れない物欲や金銭欲にまあまあ満足してしまっている人々、ある程度諦めてしまっても困らない人々にとって、彼、彼女を動かす原動力は、自分の外にはないのです。残念ながら、自分以外の何かに自らの目標を求めたとしても、それは「あればいいね」「できればいいね」といった程度の関心でしかないことが多いのです。そういう人たちは、前向きな不満の対象を、心の幸福や成長に向けるべきなのです。自分の心が、何か大切な意義を感じることに焦点を合わせるべきなのです。そうすることで、強く心が惹かれるコトが見つかる可能性が格段に高まるのです。

前向きに不足を生み出す

カエルを水に入れて、ゆっくりと水を加熱していきますと、沸騰した湯に気づかずに、じっとそのまま息絶えてしまうということがあるそうです。これを「ゆでガエル現象」と言います。不足の欠乏状態に甘んじていると、ゆでガエルと同じような運命をたどることになります。過去の不足や今の不足ではなく、目標という将来と今の状態の差異を明らかにして、前向きに不足を生み出すことが、目標という名の望む結果に対する強い達成願望や執着心を生むのです。

多くの人々が閉塞感を感じる時代です。時代の振子は、拡大から収縮へと大きく転換したとも言われます。社会主義が崩壊して、資本主義も何やらおかしなムードです。エゴとエゴの衝突が激しさを増しています。地球が悲鳴を上げ始めています。多くの子どもたちが将来に対する希望を失っています。未来のことを考えると、山積する課題を前にして、憂鬱なことがたくさんあります。しかし、過去に学び、今を見つめ、未来を直視する姿勢を失ってしまっては、私たちは、その人間らしい営みに決別しなければなりません。

未来は私たちの心がつくるのです。

あとがき

「役割」「やり遂げる力」「関わる力」、これら三つの言葉は、長らく私の人生の中で、乗り越えなければならない壁として、高くそびえ立っていました。私は、高校一年生の夏まで、これら三つの言葉を意識することさえありませんでした。すべてが順調だったからです。しかし、高校一年生のある出来事をきっかけに、私の人生は、これら三つの言葉を克服する旅となりました。

今では、長い葛藤の旅を終え、新しいステージに立っています。いい旅であったと、心から受け入れることができます。本当に有り難いことです。家族に愛され、家族を愛し、自治会活動を通じて地域社会にも参加しています。中学時代からの友人とおやじバンドを結成して青春を謳歌しています。仕事は、順調な時もあれば、最悪の事態に遭遇することもありますが、職業人としての役割を全うすることを覚悟して生きています。

人には、それぞれに、いろんな人生があります。会社や組織の生い立ちも同様です。自らの人生を引き受ける覚悟ができているか否かで、人生は好転することもあれば、暗転することもあるのです。すべては、私たちがこの世に存在する理由、役割にあるのです。誰かのために生きることは素晴らしいことです。何かのために生きることは、この世界の幸福と成長に貢献することができるのです。誰かの役に立っていることを実感できることは、この世に自分が存在していてよかったと感じることができる瞬間なのです。

私は、高校一年生の時に急性肝炎を患い、人生ではじめて自分の存在意義（役割）を見失いました。心が弱かったのでしょうね。長らく自我が崩壊してしまったような状態に陥りました。急性肝炎という病は、「気力」と「体力」の両方を同時に奪い去るのです。当時は、夢も希望も、友人も、すべてを失ったと感じていました。

松下電器にお世話になった時代も、役割を獲得するための戦いでした。今ではパナソニックのノートパソコンと言えば、ビジネスマンの必須アイテムとなっていますが、当時は、パナソニックのコンピュータなど、必要ないと言われていました。ＩＢＭやＮＥＣがあれば十分でした。商品企画と開発営業を担当していた私にとっては、どうあがいても役割を得ることができない苦悩の日々でした。

苦悩の日々は、前向きに、私を経営コンサルタントという新しい職業へと誘いました。しかし、三〇歳で会社を立ち上げて独立した時には、お客様が皆無に近い状況でした。役に立ちたい。でもお客様がいません。仕事がありません。当然、一生懸命に営業活動をしました。自分を売り込むたで、随分とひどいことを言われました。役割がないということは、本当に辛いことです。人生で三度目の役割に飢えた体験でした。

多くの人々がそうしてきたように、私も、自分の志した役割を獲得し、それで経済的に成り立つように、がむしゃらに働きました。幸い、家族、友人、そしてお客様に支えられ、仕事は軌道に乗り、順風満帆とまではいかないまでも、経済的にやっていけるようになりました。そうすると、もっと会社を大きくしたいとか、もっと儲けたいとか、欲が出てきます。感謝の気持ちを忘れて、役割を見失った時期がありました。自らの役割から目を背け、お客様を軽視し、サービスを磨くことを怠りました。関係する人々も変わっていきました。そうすると、果たすべき役割を果たせなくなってしまいます。当然、仕事が上手くいくはずがありません。

一度、役割を見失うと、軌道を修正することは大変です。大きなエネルギーを必要とします。しかし、役割を見失ったり、役割の変化を受け入れる必要がある時を、前向きにチャンスと捉えることが大切なのです。誰に、どのような分野で、どのようなお役立ちをすることが、自分の役割なのかを、しっかりとハラに据え、新しい自分づくりに挑戦するのだと受け止めることができれば、それは間違いなくチャンスなのです。

何かが良い方向に向かう時も、悪い方向に向かう時も、最初にその方向に向かう一歩を踏み出しているのは自分の心なのです。心が動いているから、人はその方向に向かって動き出すのです。動作や作業というものは、心が停止していても機能します。しかし、人間の役割に基づく行動は、頭が動いているだけでは発動しません。心が働いて、はじめて動き始めるのです。

私の職業は経営コンサルタントです。経営者から管理職、第一線で活躍する社員に至るまで、会社の運営に関わる人々の主体的な目標設定と課題解決行動を支援することが、職業人としての役割です。

企業や企業の運営に関わる人々が、より良い結果を手にするためには、結果を生み出す原因を解き明かし、因果の関係を繋ぎ、原因に焦点を当てて、適切な問題解決行動を起こせるようにする必要があります。目標と戦略を論理的に組み立て、頭で理解することが大切です。

しかし、現実には、論理の出発点の食い違いや論理的思考の欠如、因果関係の曖昧な論理の横行、著しい実行能力の不足、そして主体性の欠如といった事態に遭遇します。ピカピカの目標や戦略が出来上がったとしても、それを理解し、実行する力が伴わなければ何の意味もありません。経営資源や論理の限界というハードルを乗り越えると同時に、それらを補完する働きが必要です。

経営資源や論理の限界を補うのは「心」です。企業経営の場合、論理の出発点を決めることがとても重要なのです。出発点が収益になっている企業もありますが、あまり尊敬できるものではありません。少なくとも優れた企業では、経営理念群の中にその役割が記され、役割を果たすことが出発点となっています。ですから、常に経営理念に立ち返り、嵐に遭遇した時には原点回帰し、時代の変化を見越しては、その役割を進化させていくのです。

経営者・管理職を筆頭に企業の運営に関わる人々が、経営理念、すなわち役割を全うすることに、心を合わせて日々活動するならば、そこには、やり遂げる力・関わる力を支える強固な土台が形成されるのです。役割行動を通じて、やり遂げる力・関わる力を発揮することができれば、そこに、論理の力（知力）と意志の力（感力）が重なり合い、目標の達成に向かって勢いのある行動（行力）が生み出されるのです。

意志の弱きところに、勝利の女神がやって来ることはありません。意志の弱き人々は、簡単に諦めてしまうからです。成功とは、諦めないところからやって来るのです。簡単に諦めてしまうのは、役割を全うする覚悟がないからです。役割を放棄してしまったら、自分の大切な人々を困らせることになります。不幸のどん底に叩き落とす結果になることだってあります。役割を諦めてはいけません。役割を全うする生き方ができれば、人生の歯車は、良い方向に回転していくのです。

私は、本書が、多くの人々に読まれることを願っています。人生経験の豊かな人々には、確認の意味で目を通していただきたい。人生に悩んでいる人々、心を閉ざしてしまっている人々には、気づきのために読んでほしい。何かをやり遂げる力を身につけたい、もっと人間関係を豊かにしたいと望んでいる人々には、学習の教材として使ってほしい。会社や組織のリーダーの職にある方々には、会社全体、各部署、職位、職種、個々人に期待される役割に当てはめて、活用していただきたい。母親や父親である人々には、子どもたちとの関わりをより良くすることに役立ててほしいのです。本書が、役割を全うする生き方を通じて、やり遂げる力・関わる力を発揮し、あなたの人生を成功に導く一助になれば幸いです。

二〇〇九年一二月二五日

小寺正典

小寺正典（こてら　まさふみ）

1963年、兵庫県西宮市に生まれる。関西学院大学を卒業後、松下電器産業（現パナソニック）に入社。
その後、大手コンサルティング会社を経て、1994年に会社設立。その間1992年に中小企業診断士に登録。現在、株式会社BDI（http://www.bdi-group.com）の代表取締役 兼 経営コンサルタントを務める。本書に著されている役割を全うする生き方・行き方を軸に、主に中堅・中小企業の経営改善および教育研修を支援している。

やり遂《と》げる力《ちから》・関《かか》わる力《ちから》
役割《やくわり》を全《まっと》うする生《い》き方《かた》があなたを成功《せいこう》に導《みちび》く

二〇一〇年二月二二日　第一刷発行
定価はカバーに表示してあります

著　者　小寺正典《こてらまさふみ》
発行者　平谷茂政
発行所　東洋出版株式会社
東京都文京区関口1-44-4, 112-0014
電話（営業部）03-5261-1004（編集部）03-5261-1063
振替　00110-2-175030
http://www.toyo-shuppan.com/
印　刷　モリモト印刷株式会社
製　本　岩渕紙工所
 ISBN 978-4-8096-7614-7